KB274363

몽골어 회화 첫걸음

김 기 선 지음

EBS FM 주파수 안내

수도권	104.5Mhz	태백/영월	107.1Mhz	여수/순천	106.3Mhz
부산	107.7Mhz	원주	104.9Mhz	거창	104.7Mhz
대구	105.1Mhz	충주	104.1Mhz	안동	107.7Mhz
광주	105.3Mhz	청주	104.1Mhz	포항	106.7Mhz
대전	105.7Mhz		105.1Mhz	창원	104.3Mhz
	107.9Mhz	서산/공주	102.3Mhz	진주	101.5Mhz
울산	105.9Mhz	전주/군산	106.9Mhz	양산	105.7Mhz
춘천	106.5Mhz	남원	107.5Mhz	제주	107.3Mhz
강릉/속초	104.9Mhz	목포	106.7Mhz	서귀포	104.9Mhz

EBS FM 방송 시간표

시간	월	화	수	목	금	토
AM: 1시20분 ~ 1시40분	몽골어	몽골어	태국어	태국어	인도어	인도어
AM: 1시40분 ~ 2시	프랑스어	프랑스어	스페인어	스페인어	독일어	독일어

입에서 톡(talk) 몽골어

초판 인쇄 : 2011년 8월 16일

초판 발행 : 2011년 8월 20일

저　　자 : 김 기 선

기획·방송 : EBS 한국교육방송공사

발　행　인 : 서 덕 일

발　행　처 : 도서출판 문예림

등　　록 : 1962. 7. 12　제2-110호

주　　소 : 서울특별시 광진구 군자동 1-13 문예하우스 101호

전　　화 : (02)499-1281~2

팩　　스 : (02)499-1283

http://www.bookmoon.co.kr, www.ebs.co.kr

E-mail : book1281@hanmail.net

ISBN 978-89-7482-607-9 (13790)

머 리 말

한국어와 몽골어는 조어법상 음운, 형태, 통사 등 언어의 여러 분야에서 많은 공통점을 가지고 있다. 특히 우리말과 어순이 같은 교착어라는 점에서 학습자들은 더욱 몽골어에 친숙함을 느끼고 매력을 느낄 것이다.

그러므로 본 톡 몽골어 교재는 초급단계의 학습자들을 배려하여 몽골어 문장의 기본구조에서부터 52강의 다이알로그를 통한 다양한 사례 분석에 이르기까지 학습자의 요구 수준을 충족시키며 광범위한 부문에서 양 문화의 공통점과 차이점들을 명료하게 확인해 볼 수 있도록 주안점을 두었다.

흔히들 한국과 몽골을 '사돈의 나라', 즉 '한 민족' 또는 '일가'라고 말한다. 그만큼 역사적으로나 혈통적으로 두 나라는 가장 가깝고도 친밀성이 있다는 말일 것이다. 또한 몽골 사람들은 우리 한국인들을 '솔롱고스'라 부른다. 솔롱고스는 무지개를 뜻하는 말로 700년 전 칭기스칸이 선포했던 '형제국' 그 이상의 의미를 담고 있는 말일지도 모른다.

올해는 한·몽 수교 21주년이 되는 해로 1990년 3월 26일 한·몽 양국 수교 이후 지구상 유일의 유목민의 나라인 몽골을 방문하는 한국 관광객은 계속 증가하여 매년 4만 명이 넘게 몽골을 방문, 세계 최다 몽골 관광객 송출국가로 자리매김 하고 있다.

13세기와 21세기가 공존하는 초원의 나라 몽골을 방문하면 모든 이의 마음을 사로잡는 것들이 있다. 여름이면 지천으로 핀 수십 종의 야생화와 밤마다 눈 앞에서 뛰어오르면 잡힐 것 같은 은하수와 쏟아지는 별들, 광막한 초원과 푸른 하늘이 만나는 지평선 너머 뭉게구름들의 향연 등. 이 모든 추억들은 초원에서 만나는 낙타와 조랑말의 질주 이외에도 우리의 마음을 영원히 풍요롭게 하는 잔상들이다. 20세기 말 지구상 유일의 은둔국가였으며 세계 7대 자원부국인 몽골은 이제 우리 앞에 친숙하게 다가와 있는 것이다.

이러한 시점에서 본 책은 급변하는 세계화 시대에 부응하기 위한 좀 더 필수적인 입문 도입서로서 몽골어를 배우고자 하는 학습자들이 수업이나 개인 학습에서 이 책을 활용하는데 도움이 되고 전공의 길잡이 역할을 할 수 있도록 되도록 평이하게 기술하는데 유념하였다.

또한 이 책은 몽골어를 처음 접하는 학습자들에게 몽골어에 쉽게 접근할 수 있도록 매 단원마다 관련 문법내용과 보충설명을 통해 학습한 내용들을 학습자 스스로가 복습할 수 있도록 실용적인 문형을 제시하였으며 아울러 매 단원 말미에는 관련 유목민의 민속과 사진자료를 첨부하여 언어나 민속 및 인류학적으로 유목문화를 심층적으로 이해할 수 있도록 노력하였다.

끝으로 이 책이 나오기까지 몽골의 고비사막과 여러 지방을 동행하며 깊은 관심과 열정으로 촬영에 아낌없는 도움을 주신 EBS 라디오 방송국 이일주 부장님과 본 교재의 다이알로그 녹음에 응해주신 몽골국영방송국의 바트체첵, 엥흐바예르 성우에게도 감사의 뜻을 전한다. 아울러 우리 나라 최초의 몽골어 방송교재 발간을 위해 물심양면으로 지원해 주신 문예림 서덕일 사장님과 직원 여러분께 고마운 인사를 드린다.

2011년 7월 21일
저자 적음

Гарчиг 목차

머리말 ····· 03

몽골어 철자 및 발음 ····· 06

1-р хичээл. | **13세기와 21세기가 공존하는 유목민의 나라 몽골로 떠나기** ····· 08
1 토요일 울란바타르행 비행기 예약을 하고 싶습니다 10 ｜ 2 안녕하세요? 14
3 실례합니다. 시내로 어떻게 갑니까? 18 ｜ 4 나는 솔롱고스(한국)에서 왔습니다. 22

2-р хичээл. | **호텔 예약할 때** ····· 26
5 울란바타르시에서 가장 저렴한 호텔은 어디입니까? 28 ｜ 6 제 방은 몇 호입니까? 32
7 오늘은 환율이 어떻게 됩니까? 36

3-р хичээл. | **몽골의 수도 울란바타르 시내관광** ····· 40
8 저에게 울란바타르시 안내책자가 필요합니다 42 ｜ 9 자연사 박물관은 몇 시에 엽니까? 46
10 몽골민속촌으로 가는 버스가 있습니까? 50

4-р хичээл. | **인표는 비행기에 안에서 알게 된 침게와 다시 만났다.** ····· 54
11 어떻게 지내니? 56 ｜ 12 내 친구 카탸를 소개할게 60
13 너는 무슨 일을 하니? 64 ｜ 14 네 취미는 무엇이니? 68

5-р хичээл. | **인표는 새 친구들과 같이 식사하였다.** ····· 72
15 같이 식사하자 74 ｜ 16 너희는 무엇을 주문할 거니? 78 ｜ 17 디저트는 무엇으로 할까요? 82

6-р хичээл. | **인표는 몽골 민속씨름을 구경하였다.** ····· 86
18 남성 삼종 경기 88 ｜ 19 몽골 사람들은 정말 민속씨름을 좋아하는 것 같아 92
20 자연사 박물관에서 96

7-р хичээл. | **인표는 침게와 날씨 이야기를 한다.** ····· 100
21 오늘은 날씨가 어때요? 102 ｜ 22 울란바타르시는 가을에 일찍 추위가 찾아와 106
23 어디가 아프시죠? 110

8-р хичээл. | **인표는 침게와 지역여행에 대해 이야기를 나눈다.** ····· 114
24 관광객들이 가장 많이 찾는 명소 3곳 116 ｜ 25 여행 일정 120
26 여행사에서 124

9-р хичээл. | **인표가 지역여행을 출방하였다 : 어브르항가이道** ···················· 128
27 서부몽골로의 여행 출발 130 | 28 몽골 고도 '하르호룸'에서 134
29 관광객들이 좋아하는 몽골 전통 음식 '양고기 돌구이' 136

10-р хичээл. | **인표의 여정이 홉스골道를 향하다.** ··· 142
30 바다 어머니 '홉스골' 호숫가에서 144 | 31 순록도 사람이 타고 다니네! 148
32 우리 사진 찍어 주세요. 152

11-р хичээл. | **어믄(남)고비道에서** ··· 156
33 운전사가 빨리 왔으면 좋겠다 158 | 34 낙타는 너무 높아! 162
35 별들이 쏟아지는 고비 사막의 멋진 밤하늘! 166

12-р хичээл. | **인표의 여정이 울란바타르시를 향하다.** ···························· 170
36 울란바타르에서 가장 가까운 '테렐지 관광지' 172 | 37 말을 타본 적이 있어요? 176
38 마유주(馬乳酒)를 마셔 보았다! 180

13-р хичээл. | **인표가 다시 울란바타르시에서 여정을 풀었다** ··················· 184
39 '청진 벌덕' 대형 동상과 칭기스 칸 채찍 186 | 40 유제품 요양원 방문 190
41 몽골 게르에서 주인은 어느 쪽에 앉아야 하나요? 194 | 42 여행 재미 있었니? 198
43 저에게 가장 인상적인 것은 .... 202 | 44 몽골 사람들은 정말 친절한 것 같다 206

14-р хичээл. | **인표가 쇼핑을 하였다.** ·· 210
45 얼마에요? 212 | 46 이 옷을 입어 봐도 될까요? 216
47 Tax free를 하고 싶은데 어떻게 해야 하죠? 220

15-р хичээл. | **안녕, 내 친구들!** ··· 224
48 고향에 돌아갈 시간이 되었네! 226 | 49 몽골 유목민의 친절함을 결코 잊지 못할 것이다! 230
50 내년에 다시 만나자! 234

16-р хичээл. | ·· 238
51 체크 아웃 하겠습니다 240 | 52 한국에 도착하면 연락할게! 244

부록 | 문법목차 248

몽골어 철자 및 발음

인쇄체	IPA음	한글음
A a	[a]	아
Б б	[b]	베
В в	[v]	웨
Г г	[g]	게
Д д	[d]	데
Е е	[jɛ, jö]	예, 여
Ё ё	[jɔ]	요
Ж ж	[ʤ]	쩨
З з	[ʣ]	제
И и	[i]	이
Й й	[ĭ]	하가스 이
К к	[k, kh]	카
Л л	[l]	엘
М м	[m]	엠
Н н	[n, ŋ]	엔
О о	[ɔ]	오
Ө ө	[ö]	어
П п	[p, ph]	페
Р р	[r]	에르
С с	[s]	에스
Т т	[t]	테
У у	[u]	오
Ү ү	[ü]	우
Ф ф	[f]	에프
Х х	[x]	헤

Ц ц	[ts]	체
Ч ч	[ʧ]	쳬
Ш ш	[ʃ]	이쉬
Щ щ	[ʃʧ]	이쉬체
Ъ		하토깅 템덱
Ы	[ï:]	의:
Ь	[i]	절르니 템덱
Э э	[ɛ]	에
Ю ю	[ju, jü]	요, 유
Я я	[ja]	야

◉• 철자 및 읽기

1. 몽골어 알파벳
- 몽골어 철자는 35(자음20, 모음13, 부호:2)자로 구성되어 있다.

2. 모음
몽골어의 모음은 모두 13개로 이루어져 있으며, а[아] э[에] и[이] о[어] y[오] ө[어] ү[우] 7모음을 기본모음이라고 한다. 그 외에 я[야] е[예], ё[여] ю[유] й[이] ы[이:]를 보조모음이라 한다.
- 기본 7모음: а, э, и, о, ө, y, ү
- 장모음: аа[아:], ээ[에:], ий[이:], оо[어:], өө[오:], yy[오:], үү[우:]
- 이중모음: ай[아이], эй[에이], ой[어이], yй[오이], үй[우이]
  * 한글 발음표기에 나타나는 ':'는 바로 옆의 모음이 길게 발음되는 장모음임을 나타낸다.

[2.1 기본7모음 발음표]

혀위치 구강넓이	전설		중설		후설	
	평순	원순	평순	원순	평순	원순
좁은	и[i]			ү[ü]		y[u]
중간	э[e]			ө[ö]		о[o]
넓음					a[a]	

ХИЧЭЭЛ 1

13 세기와 21 세기가 공존하는 유목민의 나라 몽골로 떠나기

01 토요일 울란바타르행 비행기 예약을 하고 싶습니다
02 안녕하세요?
03 실례합니다, 시내로 어떻게 갑니까?
04 나는 솔롱고스(한국)에서 왔습니다.

토요일 울란바타르행 비행기 예약을 하고 싶습니다.
Улаанбаатарын чиглэлд энэ хагас сайны билет захиалах гэсэн юм

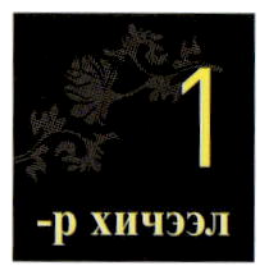

인표가 몽골에 여행 가기 위해 티켓을 예약하였다.

Ин Пё :	Байна уу? МИАТ-ийн билетийн касс мөн үү?
Ажилтан :	Мөн байна. Танд юугаар туслах вэ?
Ин Пё :	Би Улаанбаатарын чиглэлд билет захиалах гэсэн юм.
Ажилтан :	Та хэзээ явах юм?
Ин Пё :	Энэ хагас сайнд суудал байгаа юу?
Ажилтан :	Суудал байгаа, та нэр болон паспортын дугаараа хамт хэлнэ үү.
Ин Пё :	Миний нэр Пак Ин Пё. Паспортын дугаар У-125898
Ажилтан :	Таны нэрийг захиалганд оруулчихлаа. Та билетийн үнээ манай нэрийн дансаар шилжүүлсний дараа манайд эргэж хандан билетээ баталгаажуулаарай.

◉ Шинэ үг

Байна уу? 여보세요?	хэзээ 언제	нэрийн данс 전용 계좌
МИАТ 몽골항공	явах 가다	шилжүүлэх 입금하다
билетийн касс 티켓 사무소	хагас сайн 토요일	холбоо барих 연락주다
хэрхэн, яаж 어떻게	суудал байна 좌석이 있다	баталгаажуулах 확인하다
туслах 도와주다	овог нэр 성함	(confirm 하다)
Улаанбаатарын чиглэл	паспортын дугаар 여권번호	
울란바타르행	хамт хэлэх 같이 말하다	
захиалах 예약하다	билетийн үнэ 항공료	

인 표 : 여보세요? 몽골항공사입니까?

직 원 : 네, 맞습니다. 어떻게 도와 드릴까요?

인 표 : 저는 토요일 울란바타르행 비행기 예약을 하고 싶습니다.

직 원 : 언제 갈 예정이신가요?

인 표 : 이번 주 토요일에 좌석 있습니까?

직 원 : 네, 있습니다. 손님 성함과 여권번호를 같이 말씀해 주세요.

인 표 : 저의 이름은 박인표, 여권번호는 U-125898에요.

직 원 : 손님 성함으로 예약해 드렸습니다. 항공료는 우리 항공사 계좌로 입급하신 다음에 전화해서 티켓 OK 확인을 받도록 하세요

◯• Тайлбар

✑ **Байна уу?** : 여보세요?

몽골어의 **байна**은 화자가 어떤 사물의 존재를 확인하는 경우 또는 어떤 사물이 일시적으로 존재하는 경우에 사용한다. 한편 **Бий**는 말하는 사람이 어떤 사람이나 사물의 존재를 이전부터 알고 있거나 또는 어떤 사물이 그 자리에 항상 존재하는 경우에 사용된다. 하지만 최근에는 이를 구분하지 않고 혼용하여 사용하는 경우가 많다.

✑ **Танд юугаар туслах вэ?** : 어떻게 도와드릴까요?

✑ **Миний нэр Пак Ин Пё** : 내 이름은 박인표입니다.

자신의 이름을 말할 때 사용하는 표현이다. 이 표현 이외에 **Намайг** 라는 표현을 사용할 수 있다. 일반적으로 몽골 사람들은 자기 소개를 할 경우 성을 앞에 붙이지 않고 자신의 이름만을 말해 인사한다. **намайг ИнПё гэдэг**

◐• Дүрэм

✎ 1. 몽골어 모음

몽골어는 모음에 따라서 문법적인 변화, 즉 명사 뒤에 모음이 붙어 다양한 어미변화를 하기 때문에 모음에 대한 개념정리가 매우 중요하다.

1) 몽골어에서 ' а, э, и, о, у, ө, ү ' 란 7개의 모음을 기본모음(үндсэн эгшиг)라고 한다. 몽골어 기본모음을 남성모음(эр эгшиг)과 여성모음(эм эгшиг), 중성모음(саармаг эгшиг) 세 가지로 나누며, 모음 'а, о, у' 는 남성모음, 모음 'э, ө, ү' 는 여성모음, 모음 'и' 는 중성모음이 된다.

✎ 2. 모음조화 법칙(Эгшиг зохицох ёс)

단어의 제1음절에서 남성모음이 있는 경우 뒤의 음절에는 남성모음이 오고, 제1음절에 여성모음이 있는 경우 뒤의 음절에는 여성모음이 온다. 이를 모음조화법칙(Эгшиг зохицох ёс)이라고 한다.

　예) сандал (의자), хана (벽), энэ (이것), дэвтэр (공책)

✎ 3. 문장의 기본 어순

몽골어 문장 구조는 동일한 알타이어족에 속하는 한국어와 비슷하기 때문에 한국인에게는 배우기 쉽다. 즉 주어, 목적어, 술어로 이루어진 단문에서 기본 어순은 한국어와 마찬가지로 '주—목—술' 의 순서이다.

　(1) Би энэ киног үзнэ　　나는 이 영화를 본다.
　(2) Би сургууль явна　　나는 학교에 간다.

✎ 4. 몽골어 의문첨사 「бэ, вэ」, 「уу, үү, юу, юү」의 사용법

몽골어 의문첨사의 형태는 한국어에 비해 비교적 많은 관계로 외국인 학습자들이 몽골어로 옮길 때 꽤 까다롭게 여기는 부분이다. 몽골어 의문문은 бэ, вэ, уу, үү, юу, юү 등의 첨사로 끝난다. 의문문 기본 어순은 '주—목—술'의 순서이다

1) 의문사가 있는 의문문에는 의문첨사 бэ, вэ가 문장 끝에 붙는다. 그때 자음 в, л, м, н로 끝나는 말 뒤에는 бэ, 그 밖의 자음이나 모음으로 끝나는 말 뒤에는 вэ가 붙는다.

　Таны нэр хэн бэ? 당신의 이름은 무엇입니까?
　Танд юугаар туслах вэ? 어떻게 도와드릴까요?

2) уу/үү를 단모음이나 자음으로 끝나는 단에 뒤에, юу/юү는 장모음이나 이중모음으로 끝나는 단어 뒤에 사용한다. 예를 들어,

　Туяа Монгол явсан уу? 토야가 몽골 갔니?
　Энэ сүү юү, айраг уу? 이것은 우유입니까? 아이락(마유주)입니까?

Соёл, зан заншил

몽골 개요

몽골은 동북 아시아에 속하는 내륙국가이며, 총면적 156만 4116km에 비해 인구는 290만 명에 불과한 나라이다. 영토의 크기는 한반도의 7배에 해당하며, 세계 200여 나라 가운데 17번째에 속하는 나라이다. 몽골(Mongolia)이란 국명은 본래 "영원히 꺼지지 않는 불의 민족"이란 뜻을 지닌 부족명이었으나 칭기스 칸에 의해 통일된 몽골 부족의 발전에 따라 민족명으로 변화되었으며, 13세기초 역사상 최대의 몽골 대제국을 건설하여 동시대의 여러 국가에 큰 영향을 미친 나라이다. 오늘날 몽골 인구의 30% 정도가 유목민,또는 준 유목민으로 알려져 있는 세계 유일의 13세기와 21세기가 공존하는 유목민의 나라이다. 이에 따라 몽골은 세계 각국 관광객들의 관심을 사로잡으며 매년 몽골을 찾는 여행객들이 늘어나고 있다.

안녕하세요?
Сайн байна уу?

울란바타르행 비행기에 탄 인표는 옆 자리에 앉은 한 학생에게 말을 건넨다.

Ин Пё : Сайн байна уу?

Бүсгүй : Сайн, сайн байна уу?

Ин Пё : Миний нэрийг Ин Пё гэдэг.

　　　　Таныг хэн гэдэг вэ?

Бүсгүй : Намайг Чимгээ гэдэг. Ингэхэд өөрөө хэдэн настай вэ?

Ин Пё : Би хорин дөрвөн настай. Харин та?

Бүсгүй : Тэгвэл бид нас ойролцоо, үе тэнгийн юм байна.

Ин Пё : Чамтай танилцсандаа маш баяртай байна.

Бүсгүй : Би ч бас мөн баяртай байна.

Шинэ үг

Сайн байна уу? 안녕하세요	Солонгос хүн 한국 사람
тийм 예	нэр 이름
миний 저의	хэдэн нас 몇 살
таны 당신의	үе тэнгийн 또래, 동갑
чиний 너의	танилцах 사귀다
бид 우리	би ч бас 저도 역시
чамтай 너랑	маш баяртай байна 매우 반갑다
Монгол хүн 몽골 사람	

인　표 : 안녕하세요?

아가씨 : 네, 안녕하세요?

인　표 : 저의 이름은 인표에요.

　　　　당신의 이름은 무엇입니까?

아가씨 : 저의 이름은 '침게' 라고 해요. 그런데 인표씨는 몇 살이에요?

인　표 : 저는 스물 네 살이에요.

아가씨 : 그러면 우리는 나이가 동갑이네요.

인　표 : 알게 되어 매우 반갑습니다

아가씨 : 저도 역시 반가워요.

◉• Тайлбар

✎ **Сайн байна уу? : 안녕하세요?**

잘 모르거나 처음 보는 사람들 간에 사용하는 가장 대표적인 인사말이다. 서로를 잘 아는 사람들 사이에 사용하는 격식 없는 인사말로 Сайн уу? (Hi)가 있으며 하루 중 아침에 만났을 때 Өглөөний мэнд (Good morning), 낮에 만날 때 Өдрийн мэнд (Good evening), 저녁에 만날 때 Оройн мэнд (Good afternoon) 라고 인사할 수 있다. 한편으로 취침 전에는 Сайхан амраарай(Good night)라는 표현이 있다.

✎ **Танилцсандаа маш баяртай байна : 알게 되어서 매우 반갑다.**

처음 만났을 때 건네는 공식적 인사말이다. 이외에 서로 격식 없는 표현으로는 Сайхан танилцлаа(만나서 반갑습니다.)라고 하면 된다. 이 경우 상대방이 연상일 경우 남녀 구별 없이 공통적으로 앞에Тантай(당신과)라는 존대어 표현을 반드시 넣어야 한다.

✎ **Бүсгүй : 아가씨**

격식을 갖추어 상대방을 부를 때 남성에게는 Залуу(예사 낮춤), 결혼하지 않은 여성에게는 Бүсгүй(예사 낮춤), 결혼한 여성 및 남성, 그리고 연장자에게는 공통적으로 Та(아주 높임) 라는 존대어 표현을 사용한다. 몽골 사람들은 상대방을 부를 때 성(姓)을 전혀 붙이지 않고 이름만 부르는 것이 일반적이다. 이외에도 처음 만나는 사람에게 사용하는 өөрөө(예사높임)라는 표현도 많이 사용한다

◉ Дүрэм

✎ 1. 인칭대명사

몽골어의 인칭대명사는 1인칭, 2인칭, 3인칭 단수형이 기본형이며, 문장에서 7개의 격어미를 연결하여 곡용한다. 1인칭의 단수형은 주격에서 би(나), 속격에서 мин-, 대격에 нам-, 여처격과 조격 그리고 공동격에서는 над-라는 4가지 어형으로 나타낸다. 2인칭은 주격에서는 чи(너), 속격에서 чин-, 여처격과 탈격 그리고 조격 및 공동격에서는 чам-으로 나타난다. 고대몽골어에서 이인칭 대명사의 복수 어미였던 та(당신)는 현대 몽골어에서 2인칭대명서의 존대형으로 나타나며, 주격에서는 та로, 주격어미를 제외한 다른 격에서는 тан-의 형태로 나타난다. 그리고 삼인칭주격어미는 энэ(이것), тэр(그것)이며, 여기에 다른 격어미를 연결할 때는 үүн-(이것)과 түүн-(그것)로 변화된다.

격어미	1인칭	2인칭	3인칭	
주격 Ø	би (나)	чи, та (너, 당신)	энэ (이것)	тэр (그것)
속격 (-ын/-ийн, -н)	миний (나의)	чиний, таны (너의)	үүний (이것의)	Түүний (그것의)
여처격 (-д/-т)	надад (나에게)	чамд, танд (너에게)	Үүнд (이것에)	Түүнд (그것에)
대격 (-ыг/-ийг/-г)	намайг (나를)	чамайг, таныг (너를)	Үүнийг (이것을)	Түүнийг (그것을)
탈격 (-аас⁴)	надаас (나한테)	чамаас, танаас (너한테)	Үүнээс (이것부터)	Түүнээс (그것부터)
조격 (-аар⁴)	надаар (나로)	чамаар, танаар (너로)	Үүнээр (이것으로)	Түүнээр (그것으로)
공동격 (-тай²)	надтай (나와)	чамтай, тантай (너와)	Үүнтэй (이것과)	Түүнтэй (그것과)

(1) Би 23 настай 나는 23살입니다

(2) Миний нэрийг Одноо гэдэг 내 이름은 어드너입니다

(3) Надад олон ном бий. 나에게 많은 책이 있다

(4) Намайг захд хүргээд өгөөч 나를 시장까지 데려다 주세요

(5) Надаас ном зээлж авч болно шүү 나한테 책을 빌려 갈 수 있다

(6) Надаар зураг зуруулсан 나한테 그림을 그리게 했다

(7) Надтай кино үзэж чадах уу? 나와 함께 영화를 봐줄 수 있니?

Соёл, зан заншил

몽골인 인사법

몽골 사람은 상대방에게 안부를 묻는 것이 '몽골인의 예법'이라고 할 정도로 인사를 중요하게 여기며, 인사표현의 대부분은 의문문의 형태이다. 몽골인들은 초면인 경우 악수를 하며 сайн байна уу?(안녕하세요?)라고 인사를 한다. 그러나 친한 사이에는 서로 "сайн уу (안녕?)"라고 "байна"을 생략해서 간단하게 안부를 묻기도 한다. 물론 "өглөөний мэнд хүргье", "өлрийн мэнд хүргье", "оройн мэнд хүргье"와 같은 아침, 점심, 저녁을 구분해서 안부를 묻는 형식의 인사법도 있다. 조심스러운 상대방에게 2인칭 존대 대명사 "та(당신)"를 써서 "та сайн байна уу(어르신 안녕하세요)"라고 하거나 아니면 "гуай(씨)", "дарга(사장)", "багш аа(선생님)", " эмээ(할머니)", "аав(아버지)", "ээж(어머니)", "ах(아저씨)", "эгч(아주머니)" 등 상대방을 높이는 뜻이 포함되어 있는 적절한 말을 호격형으로 바꾸어 인사 하기도 한다.

실례합니다, 시내로 어떻게 갑니까?
Уучлаарай, хотын төв руу яаж явах вэ?

3
-р хичээл

칭기스칸 공항에 도착한 인표는 울란바타르 시내로 어떻게 가는지 주변 사람에게 묻는다.

Ин Пё : Уучлаарай, Хотын төв руу яаж явах вэ?

Лавлах : Эндээс шууд явдаг автобус байхгүй. Та таксигааар явах хэрэгтэй.

Ин Пё : Өө, тийм үү? Тэгвэл би хаанаас таксинд сууж болох вэ?

Лавлах : Та гадаа гараад чигээрээ зам хөндлөн гарвал тэнд таксины зогсоол байгаа.

Ин Пё : Танд баярлалаа.

Лавлах : Өө зүгээр, зүгээр

Шинэ үг

Уучлаарай 실례합니다

хаанаас 어디서

яаж 어떻게

эндээс 여기서

шууд 직접

автобус 버스

такси 택시

байхгүй / байна 없다 / 있다

тэгвэл 그러면

гадаа гарах 밖에 나가다

чигээрээ 곧바로

зам хөндлөн гарах 길을 건너가다

таксины зогсоол 택시 승강장

баярлалаа 고맙습니다

зүгээр зүгээр 천만에요

인　표 : 실례합니다. 시내로 어떻게 갑니까?
안내원 : 여기서 직접 가는 버스는 없습니다. 택시로 가야 합니다.
인　표 : 아, 그래요? 그러면 어디에서 택시를 타면 되나요?
안내원 : 밖으로 나가셔서 곧바로 길 건너가면 거기에 택시 승강장이 있습니다.
인　표 : 감사합니다.
안내원 : 천만에요.

◉• Тайлбар

✎ Уучлаарай! :

'실례합니다', '미안합니다'라는 의미로 격식을 갖추어 사용하는 말이다.

✎ Баярлалаа :

'고맙습니다'라는 의미로 격식을 갖추어 사용하는 말이다. 여기에 '매우 ' 라는 의미의 'маш' 또는 'их'를 덧붙여 'Маш баярлалаа', 'Их баярлалаа'라고 말하기도 한다.

✎ Зүгээр, зүгээр : 천만에요.

'Зүгээр, зүгээр'는 'Баярлалаа'에 대한 대답으로 "천만에요"라는 표현이다. 'Зүгээр, зүгээр' 대신에 동일한 의미로 'Хаанаас даа'가 사용되기도 한다.

◉• Дүрэм

✏ 1. 명사의 성

몽골어의 명사에는 문법적 성(性)은 존재하지 않으며, 사람이나 사물의 속성을 나타내거나 한정하는 말은 명사 앞에 온다. 그러나 몽골어의 명사에는 수(тоо), 격(тийн ялгал), 귀속 (тодотгол) 관계가 표시된다.

сайн хүн (좋은 사람) сонин ном (재미 있는 책) сайхан дэвтэр (질 좋은 공책)

✏ 2. 명사의 복수어미

명사가 단수라는 것을 별도로 표시하지 않는다. 복수라는 것을 표시하는 가장 일반적인 방법은 명사 어간에 복수를 표시하는 접사를 첨가하는 것이다. 한국어에서 복수를 표시하는 접사가 "–들" 하나뿐인데 비해 몽골어에는 아래에서 보는 바와 같이 복수 접사가 여러 개 있고 그 접사들 간의 의미와 기능의 차이를 명쾌하게 설명하기 어려운 경우도 많다.

1). –д (주로 사람을 가리키는 대명사나 동물 이름에 사용한다)

(1) Манай сургууль охид олонтой
   우리 학교는 여 학생들이 많다

(2) Энэ жилийн наадамд олон мэргэд уралдахнээ
   올해 나담 축제에 많은 명궁들이 참가하겠구나.

[메모] 일부 경우에 복수어미 – д 를 여처격어미 –д 로 이해할 때가 있다. 형태상으로 똑같으니 문장을 잘 읽고 문맥의 의미에 특히 유의해서 옮겨야 한다.

(3) a. Оюунагийн ангийн сурагчид ихэнхи нь эмэгтэй.
   어유나의 학과 학생들은 거의 다 여학생이다.

   б. Би Батийн ангийн сурагчид дэвтэр өгөх ёстой.
   나는 바트가 다니는 학과 학생에게 노트를 주어야 한다.

(4) a. Оюутнууд үнэхээр идвэхитэй оролцлоо.
   학생들이 참으로 열심히 참여했다.

   б. Тэмцээний оролцогчид шагнал гардууллаа.
   선수들에게 상장을 주었다.

2). – с (대부분의 명사 뒤에 붙는다)

(1) Бүртгүүлсэн оюутны нэрс 100 гарчээ.
   등록한 학생의 명단이 백명이 넘었다.

(2) Өнөөдөр сургууль дээр хүмүүс их цугларчээ.
   오늘 학교에 사람들이 많이 모였다.

Соёл, зан заншил

칭기스 칸 국제공항

칭기스 칸 공항은 유일하게 정기 국제노선을 운항하는 몽골 국제공항이다. 1957년 2월 19일에 개원되었으며, 1986년부터 터미널이 개선되고 업그레이드하여 국제적인 노선이 생겼다. 1994~1997년 아시아개발은행 차관으로 확대개발 공사가 이루어져 최첨단 기술장비로 설비되어 현대화 공항으로 거듭나갔다. 1998년 1월 몽골 항공관리청장 40조 결의에 의해 국제공항으로 조직 개편되었으며, 2005년 12월 21일 몽골 정부령 255조 결의에 의해'칭기스 칸 국제공항'으로 개명되었다. 칭기스칸 국제공항은 한 시간에 1000명 대상으로 공항 서비스를 제공할 수 있는 국제수준과 요구사항을 갖춘 24시간 운영되는 국제공항이지만 아직은 시내까지 운행되는 공항노선 버스가 없기 때문에 이용객들은 별도로 마중 나가는 사람이 없을 경우 꼭 택시를 이용해야 시내로 들어갈 수 있는 불편한 점이 있다

나는 솔롱고스(한국)에서 왔습니다.
Би Солонгосоос ирсэн.

4 -р хичээл

인표는 시내로 가기 위해 위해 택시를 이용한다.

Ин Пё : Таны машинд сууж болох уу?

Жолооч : Бололгүй яахав, та хаашаа явах вэ?

Ин Пё : Би хотын төв орох гэсэн юм. Та намайг хүргээд өгнө үү.

Жолооч : За, ойлголоо. Хотын төв хүртэл овоо зайтай.

  Хоёулаа сайхан хууч хөөрөөд явья.

  Ингэхэд өөрөө хаанаас, ямар ажлаар ирэв дээ?

Ин Пё : Би Солонгосоос энд аялахаар ирсэн.

Жолооч : Аан за, их юм үзэж сайхан аялаад буцаарай

Ин Пё : Танд баярлалаа.

◉• Шинэ үг

машин 차	овоо зайтай 꽤 멀다
сууx 타다	хаанаас 어디에서
болох 되다	ямар ажлаар 무슨 일로
хаашаа 어디로	аялах 여행하다
хотын төв 시내 중심	их юм үзэх 많은 것 구경하다
хүргэж өгөх 모셔 드리다	сайхан аялал 좋은 여행
ойлголоо 알겠습니다. 이해했습니다	

인　표 : 타도 될까요?

운전사 : 예, 어디로 모셔 드릴까요?

인　표 : 시내로 들어가 주세요.

운전사 : 네, 알겠습니다. 시내까지는 꽤 멉니다.

　　　　즐겁게 대화하면서 가시지요. 손님은 어디서 무슨 일로 오셨어요?

인　표 : 예. 한국에서 여행 왔습니다.

운전사 : 아 그렇군요. 그럼 구경 많이 하시고 좋은 여행 되시기 바랍니다.

인　표 : 감사합니다.

◎• Тайлбар

Та хаашаа явах вэ? : 어디로 모셔 드릴까요?

Хотын төвд байрлалтай ... : 시내 중심에 위치한 ...

Сайхан аялаарай : 좋은 여행 되세요

국가명과 국민

солонгос хүн 한국 사람　　Монгол хүн 몽골 사람

Хятэд хүн 중국 사람　　Япон хүн 일본 사람

Орос хүн 러시아 사람　　Америк хүн 미국 사람

Англи хүн 영국 사람　　Франц хүн 프랑스 사람

◉• Дүрэм

✎ 1. 인칭대명사 : 복수형

몽골어 주격어미는 문장에서 명사 어간과 같은 형태로 나타난다. 1인칭 대명사의 복수형은 어간인 би에 복수어미 д를 덧붙여 파생하는 бид로 나타난다. 2인칭 대명사도 속격과 여처격어미를 취할 때 똑같이 변화한다. 몽골어의 격(case)은 단어의 결합 또는 문장 내에서 명사, 명사와 동사 사이의 관계를 가리키는 문법 범주로 주로 체언에 연결되어 다른 문장성분들과 가지는 문법적 관계를 표시하여 주거나 또는 의미요소를 첨가해 주는 기능을 가지고 있는 형태다. 격어미는 현대몽골어와 한국어의 문법 범주 가운데 유사성을 보여주는 가장 대표적인 범주로 몽골어 인칭대명사는 격어미를 붙일 때 다음과 같이 변화한다.

주 격	бид(우리)	та нар(너희/당신들)
속 격	бидний ~ манай(저희의, 우리의)	та нарын ~ танай(너희들의/당신들의)
여처격	бидэнд ~ манайд(우리에게)	та нарт~танайд(너희들에게/당신들에게)
대 격	биднийг(저희를, 우리를)	та нарыг(너희들을/당신들을)
탈 격	биднээс(저희한테, 우리한테)	та нараас(너희들한테/당신들한테)
조 격	биднээр(저희로, 우리로)	та нараар(너희들로/당신들로)
공동격	бидэнтэй(저희와, 우리와)	та нартай(너희들과/당신들과)

한편 위의 예에서와 같이 2가지 형태의 인칭대명사에 속격과 여처격어미를 동일하게 연결하여 사용할 수 있지만 문맥에 따라 적합하지 않거나 뜻이 달라지는 경우가 더러 있다. 이런 것은 몽골어 인칭대명사와 우리말 인칭대명사의 성질의 차이에서 오는 것으로 자칫 틀리기 쉬운 것이니 유의해야 할 것이다. 이를 예문으로 보면 다음과 같다.

(1) 그 분이 우리(저희들) 어머니입니다.

 (O) Тэр хүн бол манай ээж.

 (X) Тэр хүн бол бидний ээж.

(2) 토야는 우리 학과 학생이다.

 (O) Туяа бол манай ангийн оюутан.

 (X) Туяа бол бидний ангийн оюутан.

(3) 저희들이 제안한 의견을 채택해 주세요.

 (O) Бидний тавьсан саналыг хүлээж авна уу.

 (X) Манай тавьсан саналыг хүлээж авна уу.

(4) 저희들에게 말씀 해 주세요.

 (O) Бидэнд хэлж өгөөч.

 (X) Манайд хэлж өгөөч.

Соёл, зан заншил

몽골 택시

몽골에 정식으로 인가받은 택시회사가 매우 적기 때문에 공급의 수요를 절대적으로 충족시키지 못하고 있다. 이에 따라 정식으로 택시영업 인가를 받아 운행하는 택시와 개인용 승용차를 가지고 택시영업을 하는 비인가 택시로 구분된다. 비인가 택시에는 요금미터기가 설치되어 있지 않아 운전사들은 택시 운행기록계를 기준으로 운행한 거리(km)를 확인하여 요금을 계산하며, 인가받은 택시와 거의 동일한 요금체계로 기본 요금은 1km 기준으로 500투그릭(2011년 6월현재)이다. 그러나 현지의 연료가격 동향에 따라 택시요금도 상당히 가변적이라고 할 수 있다. 현재는 국제유가 하락에 따른 영향으로 작년에(2010년)에 비해 다소 택시요금이 인하된 상태이다.

хичээл 2

호텔 예약할 때

05 울란바타르시에서 가장 저렴한 호텔은 어디입니까?
06 제 방은 몇 호입니까?
07 오늘은 환율이 어떻게 됩니까?

HOTEL
THE
CO

울란바타르시에서 가장 저렴한 호텔은 어디입니까?
Улаанбаатарт хамгийн хямд буудал хаана байдаг вэ?

시내로 들어가는 인표가 기사에게 저렴한 호텔이 어디인지를 물어본다.

Ин Пё : Ингэхэд танаас нэг зүйл асууж болох уу?

Жолооч : Тэг тэг, та асуу асуу.

Ин Пё : Улаанбаатарт хамгийн хямд буудал хаана байдаг вэ?

Жолооч : Ямар буудал сонирхож байгаа юм бэ?

Ин Пё : Тохилог цэвэрхэн хямдавтар буудал байвал их сайн байна.

Жолооч : Хотын төвд хамгийн хямд буудал гэвэл Туушин зочид буудал.
Их боломжийн цэвэрхэн бас гадаад хүмүүс тэнд их буудаг юм
байна лээ.

Ин Пё : Танд их баярлалаа. Та тэгвэл намайг тэр буудал руу хүргээд өгнө
үү.

◉ Шинэ үг

ингэхэд 그런데	тохилог 편하다
нэг зүйл 한 가지	цэвэрхэн 깨끗하다
асуух 여쭈다, 묻다	боломжийн 적당히
тэг тэг 네, 네	хямдавтар 저렴하다
хамгийн 가장	гадаад хүмүүс 외국 사람들
хямд 싸다	буух 내리다
буудал 호텔	хүргэж өгөх 데려다 주다
сонирхох 관심이 있다	

인　표 : 그런데 한가지 물어봐도 됩니까?

운전사 : 네 네, 그러세요.

인　표 : 울란바타르시에서 가장 저렴한 호텔이 어디입니까?

운전사 : 어떤 호텔에 관심이 있으신가요?

인　표 : 쾌적하면서 저렴한 가격이면 참 좋겠어요.

운전사 : 시내에서 가장 저렴한 호텔이라면 '투씽 호텔'이에요.
　　　　 꽤 깨끗한 편이고 외국인들이 많이 이용하시더라고요.

인　표 : 감사합니다. 그러시면 저를 그 호텔에 데려다 주세요.

Тайлбар

Нэг зүйл асууж болох уу? 한가지 물어봐도 됩니까?

Тэг тэг, та асуу асуу. 네네, 물어보세요.

몽골어의 높임말에는 구어체에 많이 쓰이는 명령 · 원망법 어미(-аарай4)외에도 위의 асуу асуу.표현과 같이 동사 어간을 중첩하여 상대방을 높이는 예사 높힘의 표현이 많이 쓰인다.

◉• Дүрэм

✎ 명사의 복수형(-чууд/-чүүд, -чуул/-чүүл)

[메모] 몽골어 хүн(사람)이라는 단어의 복수어미는 왜 хүмүүс가 됩니까 라고 학생들이 꽤 묻는다. Хүн의 고대 형태는 хүмүүн이었으며 복수어미를 붙일 때 어말–н이 탈락되어 хүмүүс가 된 것이다. 위의 예에서와 같이 일부 어휘에서 예외적으로 어말 –н이 탈락하는 경우가 있다. 예를 들어, өвгөн(할아버지)+д > өвгөд(할아버지들), эмгэн(할머니)+д > эмгэд(할머니들), хөгшин(어른)+д > хөгшид(어른들)의 경우이다. 이들 단어에서 –н을 생략하지 않고 쓰면 여처격어미 –д의 의미를 나타낸다.

(1) a. Өвгөд эртний үг хэлэлцэнэ
    할아버지들이 옛날 이야기들을 나누고 계신다

  б. Өвгөнд дамжуулж хэлээрэй
    할아버지에게 말씀을 전해 주세요.

-чууд/-чүүд, -чуул/-чүүл (사람을 가리키는 대명사에 연결한다)_
(1) Манай компанийн залуучуудын 60 хувь нь эрэгтэйчүүд юм.
    우리 회사의 젊은 사람 중 60%는 남자이다.

(2) Дайнд оролцож явсан өвгөчүүлийн яриа маш сонирхолтой.
    전쟁에 참여했었던 할아버지들의 이야기는 매우 흥미롭다.

(3) Сүүлийн үед манай бүсгүйчүүл, залуучууд олон талын мэдлэгтэй болжээ.
    최근 우리나라 젊은 여성들과 남성들은 다양한 지식을 갖추고 있다.

(4) 5 сарын 5н бол хүүхэд багачуудын баярын өдөр юм.
    5월 5일은 어린이의 날이다.

Соёл, зан заншил

솔롱고스(고려) 국명의 어원

'솔롱고스' 국명에 관한 여러 가지 어원설을 종합해 보면 무지개와 관련된 설 네 가지와, 민족과 관련된 설 세 가지로 나누어 볼 수 있으며, 지금까지 연구된 몇몇 어원 설들을 간략히 소개해 보면 다음과 같다. 무지개와 관련된 것으로 첫째는, 중세 13~14세기의 고려高麗와 몽골(원)과의 긴밀했던 관계, 즉 양국의 활발한 접촉과 인적교류로 인해 몽골에 고려촌을 형성했던 고려인들이 남쪽에 무지개가 떠오를 때마다 고향을 그리워하며, 자신의 후손들에게 부모의 고향을 잊지 말라는 의미로 '솔롱고스(무지개)'라고 불렀다는 설이다. 두 번째는, 13세기 당시 몽골군이 고려를 처음 압록강을 건너 침입할 때에 고려 한복의 색깔이 무지개처럼 아름답고 화려하다 하여 '솔롱고스'로 불렀다는 민간어원설이다. 셋째로, 몽골족의 색깔의 상징학 전통에서 예로부터 몽골 민족은 고대로부터 한민족을 백색白色의 민족으로 분류하여 불러왔던 역사가 있다. 해가 처음 떠오르는 동방의 나라인 고려는 그들에게 매우 신비로운 나라로 비쳐졌을 것임은 분명하다. 즉 무지개 저편에는 '빛의 나라'가 자리 잡고 있다는 관념과 관련된 설이다. 넷째는 중국의 산동반도 북쪽 천진만 위에 위치해 있는 봉래蓬萊현에는 우리 한반도와 관련하여 한 전설이 전해 온다. 봉래현은 본래本來 당 현종까지 등주登州로 불리어지다가 폭정에 견디다 못한 백성들이 동방(지금의 한반도)으로 배를 타고 도망치는 숫자가 많았다. 그래서 그 이름을 등주에서 이곳이 바로 이상향, 무릉도원이라고 하는 의미의 봉래로 바꿨다고 하는 구전 설화가 지금까지 전해오고 있다.

제 방은 몇 호입니까?
Миний өрөөний дугаар хэд вэ?

6 -р хичээл

호텔에 도착한 인표는 호텔 직원과 대화를 한다

Ресепшин : Манай буудалд тавтай морилно уу. Танд юугаар үйлчлэх вэ?

Ин Пё :　　Баярлалаа. Би танайд нэг хүний өрөөнд орох гэсэн юм.

Ресепшин : Та түр хүлээнэ үү. Учир нь та шууд ирсэн учраас бэлэн өрөө
　　　　　байгаа эсэхийг тодруулах хэрэгтэй байна..

Ин Пё :　　Өө тэг тэг, би хүлээж байя.

Ресепшин : Хүлээсэнд баярлалаа, манайд бэлэн өрөө байгаа юм байна.
　　　　　Таны нэр хэн бэ? Паспортоо түр өгнө үү.

Ин Пё :　　Намайг Пак Ин Пё гэдэг. Миний паспорт энэ байна.

Ресепшин : Таны өрөө бэлэн болчихлоо. Энэ таны паспорт болон таны
　　　　　өрөөний түлхүүр.

Ин Пё :　　Эелдэг үйлчилсэнд их баярлалаа.
　　　　　Ингэхэд миний өрөөний дугаар хэд вэ?

Ресепшин : Уучлаарай, би хэлж амжаагүй байлаа.
　　　　　Таны өрөөний дугаар 304 тоот .

◉• Шинэ үг

Тавтай морилно уу 어서 오세요(환영합니다)　　тодруулах 확인하다

ресепшин 호텔 직원　　паспорт 여권

түр зуур 잠깐　　бэлэн болох 준비되다

хүлээх 기다리다　　нэг хүний өрөө 싱글 룸

шууд ирэх 직접 오다　　өрөөний дугаар 방 번호

бэлэн өрөө 빈 방(객실)　　эелдэг үйлчилгээ 친절한 서비스

호텔 직원 : 어서 오십시오. 손님, 어떻게 도와 드릴까요?

인   표 : 감사합니다. 저는 싱글 룸에 들어가고 싶습니다.

호텔 직원 : 잠시만 기다려 주세요. 그 이유는 손님께서 직접 오셔서 빈 방이
있는지 확인해 봐야 합니다.

인   표 : 네, 그럼 기다리겠습니다.

호텔 직원 : 기다려 주셔서 감사합니다. 우리 호텔에 빈 방이 있습니다.
손님 성함이 어떻게 됩니까? 여권을 잠시 제게 주세요.

인   표 : 저는 박인표라고 합니다. 제 여권은 여기 있습니다.

호텔 직원 : 손님 룸이 준비되었습니다. 여기 손님 여권과 룸 열쇠입니다.

인   표 : 친절한 서비스에 감사합니다.
그런데 제 방은 몇 호입니까?

호텔 직원 : 먼저 말씀 못 드려 죄송합니다. 손님 방은 304호 입니다.

⊙· Тайлбар

✓ **Тавтай морилно уу!** : 어서 오세요

직역하면 "평안히 말을 타고 오세요"라는 유목민의 일상과 사유체계를 담은 말로, 아울러 "환영
합니다"라는 뜻으로 쓰이기도 한다.

✓ **Танд юугаар үйлчлэх вэ?** : 고객님, 어떻게 도와 드릴까요?

✓ **Ээлдэг үйлчилсэнд баярлалаа** : 친절한 서비스 고맙습니다.

고맙습니다'라는 표현은 이외에도 'галайлаа', 'талархлаа' 등의 어휘가 많이 쓰인다.

◉ Дүрэм

✒ 명사의 복수어미 「нар」, 「-ууд/ -үүд, -нууд/-нүүд」,「-цгаа」

1. -нар (흔히 인명이나 친척 관계를 가리키는 경우에 많이 사용한다. 또한 직업을 가리키는 명사 뒤에 사용한다)

(1) Өнөөдөр Бат, Туяа, Уянгаа нар илтгэл тавина.
오늘은 바트와 토야 그리고 오양가가 발표를 할 것이다.

(2) Манай ах дүү нар дотор багш нар, эмч нар олон бий.
우리 친척 중에 교수들과 의사 선생님들이 많다

2. -ууд/-үүд, -нууд/-нүүд (위에 언급한 경우를 제외한 거의 모든 명사에서 사용한다. -нууд/-нүүд는 장모음이나 이중모음으로 끝나는 단어 어간에 연결하고, -ууд/-үүд는 단모음이나 자음으로 끝나는 어간에 연결하여 사용한다)

(1) Энэ зураг дээрх гэрүүд бол монгол үндэсний орон сууц юм.
이 그림에 있는 게르들은 몽골 전통 집이다.

(2) Таны бичсэн шүлгүүд сонинд гарсан байна.
선생임의 (쓰신) 시가 신문에 실렸다.

(3) Энэ дуунуудыг хэн дуулдаг вэ?
이 노래들을 누가 부릅니까?

(4) Тэр тоглоомон буунууд ямар үнэтэй вэ?
저 장난감 총들은 얼마입니까?

[메모] 몽골어에서 둘 이상의 수나 '복수'의 의미를 갖는 단어가 명사 앞에 올 경우 복수 어미를 취하지 않는다.

(1) 교실에 학생들이 10명이 있다.

(O) Ангид арван оюутан байна.

(X) Ангид арван оюутанууд байна.

(2) 나에게 많은 책이 있다.

(O) Надад олон ном бий.

(X) Надад олон номууд бий.

3. -цгаа⁴(몽골어에서는 명사의 뒤에 붙는 복수어미뿐만 아니라 동사의 어간에 붙어 특정행위에 단수의 행위자가 참여함을 나타내는 -цгаа⁴접사 또한 복수의 의미를 나타낸다)

(1) Сайн байцгаана уу?
안녕들 하세요?

(2) Аав ээж чин нутагтаа сууцгааж байгаа биз дээ?
부모님은 고향에 계시나요?

Соёл, зан заншил

몽골 호텔 몽골 호텔은 다른 나라와 마찬가지로 최고급 호텔에서 게스트 하우스까지 다양하며, 6월부터 8월중순까지는 성수기 시기라서 사전예약을 꼭 해야한다. 여행 목적이 여행, 사업, 선교, 또는 유학 등 그 방문 목적과 체류일정에 따라 머물러야 하는 호텔이 달라질 수 있다. 지방에는 관광지마다 게르 캠프가 조성되어 있어 13세기 유목민의 삶을 있는 그대로 체험할 수 있는 장점이 있다. 호텔과 게르캠프는 인터넷을 통하여 직접 예약할 수 있다.

오늘은 환율이 어떻게 됩니까?

Өнөөдөр долларын ханш хэд байгаа вэ?

7
-р хичээл

인표는 환전하기 위해 호텔 직원에게 환율을 물어본다.

Ресепшин : Танд юугаар туслах вэ?

Ин Пё : Би мөнгө солиулах гэсэн юм. Өнөөдөр долларын ханш хэд
байгаа вэ?

Ресепшин : Өнөөдрийн ханш 1ам. доллар 1150 төгрөгтэй тэнцэж байна.

Ин Пё : Банкнаас арай л доогуур ханштай байна даа.

Ресепшин : Та хэдэн доллар солиулах вэ?
Мөнгө солиулахаар бол мөнгөө нааш өгнө үү.

Ин Пё : За баярлалаа. Эхний ээлжинд энэ 100 ам. долларыг солиод
өгнө үү.

◉• Шинэ үг

мөнгө солиулах 환전하다	доогуур ханш 낮은 환율
ханш 환율	мөнгө 돈
банк 은행	нааш өгөх 이리로(여기로) 주다
доллар 미화, 달러	эхний ээлж 일단
төгрөг 몽골 화폐	сольж өгөх 바꾸어 주다
тэнцэх 상응하다, 대응하다	

호텔 직원 : 손님 어떻게 도와 드릴까요?

인　　표 : 달러를 환전하고 싶습니다. 오늘 환율이 얼마입니까?

호텔 직원 : 오늘 환율은 미화 1달러에 1150투그릭에요.

인　　표 : 은행보다 약간 낮은 환율이네요.

호텔 직원 : 손님은 달러 얼마나 환전하실 건가요?
　　　　　　　바꾸시려면 이쪽으로 주세요

인　　표 : 네, 감사합니다. 일단 미화 100달러 환전해 주세요.

◉• Тайлбар

✎ ханш хэд байгаа вэ? : 환율이 어떻게 됩니까?

✎ хэдэн доллар солиулах вэ? : 달러를 얼마나 환전하시겠습니까?

✎ 몽골어의 의문대명사

1. хэ 어근계열 의문대명사
хэн(누구) хэзээ(언제) хаана(어디) хэдэн(몇)

2. яа 어근계열 의문대명사
яагаад(왜) ямар(어떤) яаж(어떻게) аль(어느)

◉• Дүрэм

✎ 격어미와 재귀어미 표현법

몽골어에는 8개의 격어미가 있으며 각각의 격어미들은 제각기 재귀어미를 취하며 다양한 의미 기능을 갖는다. 몽골어의 하나의 독특한 형태라고 할 수 있는 재귀어미는 한국어에 쓰이지않는 용법이라 어리둥절해지는 수가 많다. 이 중에서 중요하다고 생각되는 표현을 추려내어 살펴보면 다음과 같다. 몽골어의 재귀어미는 일반재귀어미와 인칭재귀어미로 구분할 수 있고, 그 사용법은 다음과 같다. 일반재귀어미 -aa4는 주격 이외의 다른 모든 격어미 뒤에 연결되어 그 단어가 동작주(주어)에 소속되는 즉 〈~자신의〉 라는 의미를 갖게 된다. 인칭재귀어미는 문장에서 минь(1인칭), чинь(2인칭), нь(3인칭)과 같은 각 인칭에 대한 재귀소유의 의미를 갖게 된다.

(1) 나는 (내)동생을 데리고 도서관으로 갔다.

　　(О) Би дүүгээ дагуулаад номын сан руу явсан.

　　(Х) Би дүүг(미지칭) дагуулаад номын сан руу явсан.

(2) 네 (너의) 어머니에 대해 소개해주렴.

　　(О) Чи ээжийгээ танилцуулаач.

　　(Х) Чи ээжийг(미지칭) танилцуулаач.

(3) 제 아버지는 의사입니다.

　　(О) Аав минь эмч хүн л дээ.

　　(Х) Аав эмч хүн л дээ.

(4) 네 언니가 방금 전에 다녀 갔다.

　　(О) Эгч чинь түрүүхэн ирээд явсан.

　　(Х) Эгч(내 언니) түрүүхэн ирээд явсан.

(메모) 재귀어미를 쓰는 것과 쓰지 않은 것이 위에서 보았듯이 많은 경우에 문장의 의미가 바뀐다. 따라서 격어미들에 대한 표현법을 익힐 때 재귀어미와 함께 외워두는 것이 몽골어 작문을 하는데 도움이 된다.

✎ 주격

몽골어 주격어미는 따로 어미를 갖지 않는다.

(1) Миний аав эмч. = Аав маань эмч.
　　나의 아버지는 의사이다.

(2) Бат, Туяа хоёр найзууд.
　　바트와 토야는 친구이다.

Соёл, зан заншил

몽골 화폐

몽골 화폐단위는 투그릭(Tugrik)이며, 환율 코드는 MNT이다. 현재 발행되고 있는 지폐로는 10, 20, 50, 100, 500, 1,000, 5,000, 10,000 투그릭 8종이 있으며, 화폐 인물이 역사적 인물 칭기스 칸과 몽골의 인민혁명영웅 수흐바타르 장군 2명이다. 한국의 은행에서는 몽골돈(투그릭)으로 환전이 안되기 때문에 달러로 환전을 한 다음 몽골에서 투그릭으로 환전해서 사용해야 한다. 몽골 내에서는 시중은행이나 호텔내 은행 창구에서 환전이 가능하며, 출국시 몽골화폐를 가져와도 환전하는 은행이 없기 때문에 사전에 재환전해야 한다. 몽골 화폐는 한국 화폐와 비교하면 US달러에 대한 환율과 거의 비슷하여, 미국 달러에 대한 몽골 투그릭 환율은 1달러가 1,230투그릭(2011년 기준)이다.

ХИЧЭЭЛ 3

몽골의 수도 울란바타르 시내관광

08 저에게 울란바타르시 안내책자가 필요합니다
09 자연사 박물관은 몇 시에 엽니까?
10 몽골민속촌으로 가는 버스가 있습니까?

저에게 울란바타르시 안내책자가 필요합니다.
Надад Улаанбаатар хотын танилцуулга хэрэгтэй байна

인표는 시내관광을 위해 호텔 직원에게 울란바타르시 안내책자를 부탁한다

Ресепшин : Би танд юугаар туслах вэ?

Ин Пё : Надад Улаанбаатар хотын танилцуулга хэрэгтэй байна.

Ресепшин : Энд байна, танд өөр зүйл хэрэгтэй юу?

Ин Пё : Хэрэв боломжтой бол Улаанбаатар хотын газрын зураг байвал өгнө үү.

Ресепшин : Өө тэгэлгүй яахав. Энд байна.

Ин Пё : Ээлдэг сайхан үйлчилсэнд их баярлалаа.

Ресепшин : Улаанбаатар хотоор сайхан аялахыг хүсье.

Шинэ үг

танд 당신을	хэрэгтэй зүйл 필요한 것
надад 저에게, 저한테	асуух зүйл 문의 사항
туслах 돕다	хэрэв 만약
танилцуулга 안내 책자	боломжтой бол 가능하면
газрын зураг 지도	өгөх 주다
өөр зүйл 다른 것	энд байна 여기 있다

호텔 직원 : 고객님, 무엇을 도와 드릴까요?

인　　표 : 저에게 울란바타르시 안내책자가 필요합니다.

호텔 직원 : 여기 있습니다. 또 다른 필요하신 거 없으세요?

인　　표 : 괜찮다면 울란바타르시 지도가 있으면 주시겠습니까?

호텔 직원 : 아 그럼요, 여기 있습니다.

인　　표 : 친절한 서비스에 감사합니다.

호텔 직원 : 즐거운 울란바타르 시내관광이 되십시오.

Тайлбар

Танд өөр зүйл хэрэгтэй юу? : 다른 필요한 것이 있으세요?

Хэрэгтэй(필요하다)의 -Тай3어미는 한국어의 "～이 들어 있는, ～을 가진"에 대응한다.

Танд өөр асуух зүйл байна уу? : 다른 문의 사항 있으세요?

◉• Дүрэм

✎ 속격: 「-ын/-ийн, -ы/-ий, -н」

몽골어 속격어미는 -ын/-ийн, -ы/-ий, -н 등이 있다. -ын/-ийн을 단모음 또는 자음으로 끝나는 남성모음 뒤에 -ын을, 여성모음 으로 끝나는 단어 뒤에 -ийн을 연결한다

Батын гэр, аавын ажил, ээжийн цүнх.

[메모] 몽골어 속격에서 외국인 학습자들이 어려움을 토로하는 문제는 일부 단어에서 어말자음이 숨은 -н으로 끝나는 경우 -г-가 나타난다는 점이다. 고대몽골어에서 자음 н은 한국어처럼 경구개(ㄴ)와 연구개(ㅇ) 두 가지가 있었다. 이들 가운데 연구개 -н(ng~ㅇ)로 끝나는 단어에 속격어미를 취할 때 -г-가 나타난다. 현대에 와서 일부 단어에 이 두 어말자음을 혼용하여 쓰기도 하고, 러시아의 키릴 문자를 받아들인 1950년 이후에도 이를 구별하지 않고 쓰게 되면서 몽골어를 배우는 외국인 학습자들에게는 구분하기 어려운 문제가 되었다.

(1) Энэ байшингийн будаг нь үнэхээр таалагдаж байна.
    이 건물의 색깔이 참 마음에 든다.

(2) Би 1984 оны 3 сард төрсөн.
    나는 1984년의 3월에 태어났다.

위의 예문 (1)은 고대몽골어에서 연구개 н(ng)로 끝나는 단어의 대표적인 형태이다. 연구개 н(ng)로 끝나는 단어들은 고전몽골문자 사전에서 확인할 수 있으며, 이들 가운데 현대 몽골어에서 적극적으로 사용하는 어휘 몇 가지를 예를 들면 다음과 같다.

ан(г)ийн, хилэн(г)ийн, сан(г)ийн, лан(г)ийн, ган(г)ийн, шон(г)ийн, хун(г)ийн, тариалан(г)ийн, дүн(г)ийн, шан(г)ийн

[메모] -ы/-ий는 장모음이나 이중모음으로 끝나는 단어에 취하며 어중에 -n이 나타난다.

Тэмээний бөх, ширээний хөл, борооны дараа 등.

한편 -ы/-ий는 고대몽골어의 어말에 ~н이 있었던 모든 명사에 연결하며, 이 경우에 고대에 존재했었던 숨은 -н이 나타난다. 이러한 예외는 고전몽골 문자를 모르는 요즘 젊은 몽골 사람들도 잘 못 옮기는 경우가 더러 있다. 예를 들면:

(1) 몽골어의 많은 명사들이 고대에는 -н로 끝났었다.

    (O) Монгол хэлний олонх нэр үг нь эрт цагт -н-ээр төгсдөг байжээ.

    (X) Монгол хэлийн

[문법 설명] 속격어미에 재귀어미 -aa4를 취할 때 재귀어미 앞에 x가 나타난다.

(1) Би ээжийнхээ хийсэн хоолонд дуртай.
    나는 (내)어머니가 만든 음식을 좋아한다.

(2) Залуучууд бид улсынхаа хөгжилд хувьд нэмрээ оруулах ёстой.
    젊은 사람들이 나라의 발전에 중추적인 역할을 하여야 한다.

Соёл, ёс заншил

울 란 바 타 르 시

몽골 수도 울란바타르시는 몽골어로'붉은 영웅'이란 뜻이다. 해발 1350m에 툴강과 벅드산 기슭 몽골국 중앙지에 위치하며, 면적이 47만 헥타르로 몽골 총면적의 0.3%를 차지한다.

울란바타르시는 371년의 역사를 지닌 몽골 수도로써 정치, 산업, 문화의 중심지며, '울란바타르'라고 명명하기 전에 ⟨θргθθ⟩, ⟨их хүрээ⟩, ⟨нийслэл хүрээ⟩ 등으로 불리었다. 행정구역은 9개의 구와 121개의 동이 있으며, 해마다 10월 9일을'수도의 날'로 정해 기념하고 있다.

울란바타르시에는 할흐, 부리아드, 더르워드, 차하르, 허텅, 어얼드 등 여러 부족이 거주하고 있으며, 시민 인구는 120만 명(2010년)이며, 이중 472,670명은 여성이다. 인구 밀도는 1km²당 195명이며, 인구의 65%가 35세 미만의 청소년 층이다.

울란바타르시는 건축물, 도로망, 경제, 관광이 나날이 발전하여 하루 다르게 변화하고 있는 반면 전통과 역사를 동시에 지니고 있는 것이 이 도시의 특징이다. 한국의 중소도시 규모의 지역에 수많은 관공서와 기관들 그리고 각국에서 온 사람들이 밀접되어 있기에 문화적으로 매우 개방적인 도시이다.

자연사 박물관은 몇 시에 엽니까?
Байгалийн музей хэдэн цагаас онгойдог вэ?

시내 관광을 어디서부터 먼저 출발하면 좋을지 가이드와 의논하는 인표

Ин Пё : Хотын төвийн аялалаа хаанаас эхлэх үү?

Хөтөч : Таныг хүсвэл эндээс холгүй Түүхийн музейгээс эхэлвэл ямар вэ?

Ин Пё : Музей явахад цаг арай эрт байгаа юм биш үү?

Байгалийн музей хэдэн цагаас онгойдог вэ?

Хөтөч : Даваа гаригаас бусад өдөр өглөө бүр 9:00 цагт онгойж байгаа.

Ин Пё : Аан за, тэгвэл явцгаая.

Одоо очвол онгойчихсон байх юм байна, тийм үү?

Хөтөч : Бараг л тийм, яваад очиход онгойчихсон байгаа.

◉• Шинэ үг

Байгалийн музей 자연사 박물관	цаг 시간
хэдэн цагт 몇시에	арай эрт 아직 이르다
онгойх 열다	даваа гариг 월요일
эхлэх 시작하다	бусад өдөр 다른 요일
хүсэх 원하다	өглөө бүр 매일 아침
бараг л тийм 거의 그렇다	

인　표 : 시내 관광은 어디서부터 먼저 할까요?

가이드 : 원하신다면 여기서 얼마 멀지 않은 역사 박물관에서 시작하는 것이 어떨까요?

인　표 : 박물관 가는데 시간이 아직 이르지 않나요?

　　　　자연사 박물관은 몇 시에 열지요?

가이드 : 매주 월요일을 제외하고는 매일 아침 9시에 열어요.

인　표 : 아 그렇군요, 그러면 갑시다. 지금 바로 가면 열었겠네요, 그렇겠지요?

가이드 : 거의 그럴 것 같아요. 가면 열었을 거예요.

⊙· Тайлбар

✎ **Таныг хүсвэл** : 당신이 원하면

동사어간+-вал4 (-бал4)
동사어간에 '조건 부동사' -вал4 (-бал4)을 연결하여 가정이나 조건의 의미를 나타낸다

✎ **Тэгвэл явцгаая** : 그러면 갑시다

✎ **Бараг л тийм** : 거의 그럴 것입니다

◎• Дүрэм

✐ 여처격 「-д/-т」

여처격 어미는 -д/-т 이며 한국어의 '〜에게/〜한테, 〜에/〜에(서)'에 대응된다. -т는 в, г, р, с 로 끝나는 단어에, -д는 в, г, р, с 이외의 자음으로 끝나는 단어에 연결한다. 위에서 언급했듯이 고대몽골어 명사 어말에 숨은 -н이 있었던 단어들에 -д를 취할 때 역시 숨은 -н이 나타난다.

наранд, оронд, модонд, алтанд, хэлэнд, алганд, моринд, хонинд, ямаанд, тэмээнд, хоолонд 등.

그리고 여처격 어미의 뒤에 재귀 어미를 바로 취한다.

(1) Бат мориндоо мордлоо.
바트가 (자신의) 말에(을) 탔다.

(2) Намайг ирээд явсан гэж авдаа хэлээрэй.
내가 왔다 갔다고 (네) 아버지에게 전해 주렴.

또한 대명사 би, чи, та, тэр, энэ의 여처격형은 각각 надад(над), чамд,танд, түүнд, үүнд이다.

여처격형은 다음과 같은 의미를 나타낸다.

(1) 여격 = 간접목적어(шууд бус тусгагдахуун)를 나타낸다.
Багш оюутанд хичээл зааж байна. 선생님은 학생에게 수업을 가르치고 있습니다.

(2) (처격) = 장소를 나타내는 상황어를 나타낸다.
Ангид 8 оюутан хичээл уншиж байна. 교실에서 8명의 학생이 독서하고 있다.

(3) 동작의 목적을 나타낸다.
Хүүхдүүд кинонд явсан 아이들은 영화를 보러 갔다.

(4) 수동문 등의 동작주를 나타낸다.
Хонь чононд баригдсан 양은 늑대에게 붙잡혔다.

(5) 동작의 종점을 나타낸다.
Улаанбаатарт ирээд 5 жил болж байна 울란바트르에 온지 5년이 되었다.

(6) 동작, 시간, 기간을 나타낸다.
Хичээл 9 цагт эхэлдэг 수업은 9시에 시작된다.

** 여처격 어미에는 이 밖에 제로어미와 [Ø]와 -[н]аа⁴있다. 제로 어미는 구어에서 자주 사용되고 -[н]аа⁴는 존경, 존중의 의미를 나타내는 문장에서만 쓰인다.

(1) Болд өчигдөр хөдөө[Ø] явсан. 벌드가 어제 시골에 갔었다.

(2) Баяр тэр газар[Ø] сууж байна. 바야르가 저기에 앉아 있다.

(3) Эрхэм хүндэт ноён танаа барьж байна. 존경하는 귀하께 바칩니다.

Соёл, зан заншил

역사박물관은 1971년 혁명 50주년 기념으로 혁명박물관이 건립되었다. 90년 이후 사회주의 봉괴로 인하여 혁명의 중요도가 상실되자 1991년 5월에 이 혁명박물관을 민속박물관으로 전면 개편하였다. 그래서 91년부터 93년까지는 내부수리 공사를 하였으며, 1911년 이후 역사에 관련된 물품을 전시하는 박물관으로 바뀌었다. 그러다가 1997년 10월에 폐관되고 98년 6월 2월 선사시대부터 현대에 이르기까지 관련된 전시물을 전시하여 일반인에게 공개하고 있다. 이 박물관에는 30,000여 품목이 전시되어 있으며, 고고학, 종교, 역사, 민속 등의 민중의 삶과 관련된 물품들을 포함하고 있다. 미국, 스웨덴, 느르웨이, 이탈리아, 한국, 일본 그리고 인도 등 여러 나라에서 전시를 하였다.

몽골민속촌으로 가는 버스가 있습니까?
Монгол үндэсний тосгон руу явдаг автобус байна уу?

인표는 몽골민속촌에 가는 버스가 있는지를 가이드에게 확인하여 물어본다.

Ин Пё : Би 13-р зууны нүүдэлчин амьдралаар тохижуулсан танай "Үндэстний тосгон" байдаг гэж сонссон.

Хөтөч : Аан зөв, байдаг л даа. Гэхдээ тэр "Үндэсний тосгон" хотоос бага зэрэг зайдуу шүү.

Ин Пё : Би харин тэнд очиж үзмээр байна. Тийшээ автобус явдаг уу?

Хөтөч : Тийшээ шууд явдаг автобус байхгүй. Харин хувийн унаа хөлслөөд явж болно.

Ин Пё : Тэгвэл одоо эндээс таксигаар шууд явчихая.

Хөтөч : Гэхдээ нэг анхаарах зүйл нь тийшээ очихоос нэг хоногийн өмнө захиалга өгч очих ёстой гэж сонссон.

Ин Пё : Аан за, шууд яваад очиж болохгүй нь ээ?
Тэгвэл өнөөдөр очиж бүртгүүлээд маргааш үзэхээр явцгаая.

Хөтөч : Тэр нь зөв байх аа. Жуулчны улирал эхлээд хүмүүс их байгаа юм байна лээ.

Шинэ үг

13-р зуун 13세기	анхаарах зүйл 주의할 사항
нүүдэлчин 유목민	нэг хоногын өмнө 하루 전
амьдрал 생활	захилга өгөх 예약하다
тохижуулах 조성하다	очих ёстой 가야 하다
үндэсний тосгон 민속촌	сонсох 듣다
автобус явах 버스 운행	бүртгүүлэх 접수하다
хувийн унаа 개인 택시	жуулчны улирал 관광철

인　표 : 저는 13세기 유목생활을 관람할 수 있게 조성된 '민속촌'이 있다고 들었어요.

가이드 : 아 맞아요, 있습니다. 그런데 그 민속촌은 시외곽에 위치해 있어요.

인　표 : 그곳에 가서 구경하고 싶어요. 그곳으로 버스가 운행하나요?

가이드 : 거기로 직접 가는 버스는 없어요. 하지만 택시를 타고 갈 수 있어요.

인　표 : 그럼 지금 여기서 택시를 타고 갑시다.

가이드 : 그런데 한가지 유의할 점은 그 관광지에 가기 하루 전에 미리 예약해야 갈 수 있다고 들었어요.

인　표 : 아, 그럼 바로 가면 안되겠네요? 그러면 오늘 예약하고 내일 구경하러 갑시다.

가이드 : 그게 맞을 거예요. 관광철이라서 요즘 사람이 많거든요.

◉• Тайлбар

Бага зэрэг зайдуу : 조금 떨어져 있다.

Зэрэг는 정도, 수준의 의미를 나타낸다.
Хир зэрэг(어느 정도) дунд зэрэг(보통 정도)

Нэг анхаарах зүйл : 한 가지 유의할 점은

Тэр нь зөв байх аа : 그것이 맞을 것이다

-X + аа(∼것 같다)

말하는 사람의 추측을 나타낸다

◉• Дүрэм

✎ 대격「-ыг/-ийг, -г」

몽골어의 대격 어미는 -ыг/-ийг, -г 등이 있다. -ыг는 단어의 끝이 단모음 또는 자음으로 끝나는 남성모음어에 연결하며, -ийг는 단어의 끝이 단모음 또는 자음으로 끝나는 여성모음어에 연결한다.

한편 -г는 장모음과 이중모음 또는 고대몽골어의 연구개 -нг로 끝나는 단어에 바로 취한다.

그리고 아래와 같이 인칭재귀어미 앞에서 -ы/-ий라는 이차적 형태가 나타난다.

(1) 형을 아버지가 찾고 있다고 전해주렴.

    a. Ахыг аав дуудаж байна гээд дамжуулж өгөөч.

    b. Ахы минь аав дуудаж байна гэж дамжуулж өгөөч.

(2) 네 노트를 내일 주마.

    a. Чиний дэвтрийг маргааш өгье.

    b. Дэвтрий чинь маргааш өгье.

또한 대명사 би, чи, та, тэр, энэ 의 대격형은 намайг, чамайг,таныг, түүнийг, үүнийг 로 된다.

2. 대격은 기본적으로 동작의 직접목적어(шууд тусгагдахуун)를 나타내는 기능을 가진다.

Би энэ номыг дуустал уншлаа. 나는 이 책을 끝까지 읽었습니다.

직접목적어가 어떤 특정한 것을 나타내는 말(고유명사, 지시대명사, 인칭대명사 등의 대명사, 한 정사가 붙는 명사 등)의 경우 그 목적어는 대격형이 되지만 불특정한 것을 나타내는 경우에는 대격형이 되지 않는다. (즉, 제로어미[Ø]가 된다)

(1) Батыг дууд 바트를 부르세요

(2) Аав ээжийг хүлээж байна. 아버지는 어머니를 기다리고 있다.

(3) Баяр тэр ном[Ø] худалдаж авлаа 바야르는 그 책[Ø] 샀다

(4) Би сонин[Ø] худалдаж авлаа. 저는 신문[Ø] 샀다

복문(нийлмэл өгүүлбэр)속의 종속문(гишүүн өгүүлбэр)의 주어가 주문(гол өгүүлбэр) 주어와 다를 경우 종속문의 주어는 대격형으로 된다.

Маргааш эгчийг явна гэвэл бид хөдөлнө. 내일 언니가 간다면 우리도 출발한다.

Маргааш бороо орвол бид явж чадахгүй 내일 비가 오면 우리는 출발 못한다.

Соёл, зан заншил

울란바타르시에서 동쪽 방향으로 100km정도 떨어져 13세기 유목문화 테마로 구성된 13세기 몽골 민속촌이 있으며, 현재 6개 테마 마을로 아래와 같이 구성되어 있다.

1. 안내 마을(Relay station camp)

2. 왕의 궁전(King's palace)

3. 무장 마을(Herder's camp)

4. 샤먼 마을(Shaman's camp)

5. 서당 마을(Educational camp)

6. 장인 마을(Craftsmen camp)

13세기 몽골 민속촌은 한 마을에서 다른 마을까지 버스를 타서 이동할 수 있지만, 여행객이 원할 경우 말을 타서 이동할 수 있다. 마을 간 이동 시간은 약 30분 정도 소요된다. 여핵객이 각 마을에 도착하면 테마별 담당 안내자가 마을 별로 상세한 설명을 해 준다. 테마별 내용을 바탕으로 6개 마을을 소개하면 다음과 같다.

첫번째 안내 마을(Relay station camp)은 13세기 그 당시 마을을 재현해서 몽골 전통가옥 게르 형태를 여구할 수 있게 또한 몽골인들의 일상적인 생활상을 잘 살펴 볼 수 있게 만들어져 있다.

두번째 왕의 궁전(King's palace) 마을은 유목민 시대의 정치 세력을 느껴지도록 조성해 놓았으며, 6 마을 중에 유일한 식당이 있는 곳이다.

세번째 무장 마을(Herder's camp)은 13세기 전쟁 상황을 재현하여 당시의 갑옷과 무기들을 전시해 놓은 공간이다

네번째 샤먼 마을(Shaman's camp)은 샤만이 직접 나오며, 샤만 의식을 구경할 수 있다.

다섯번째 서당 마을(Educational camp)은 게르 학교 교실에서 13세기 그 당시 써왔던 글자부터 각종 교제물, 붓과 벼루가 진열되어 있으며, 이와 관련 역사적 자료를 상세하게 설명해 준다.

여섯번째 장인 마을(Craftsmen camp)은 옛날 석기시대를 배경으로 동물의 뼈를 다듬어 만들은 다양한 전시품이 진열되어 있다.

ХИЧЭЭЛ 4

인표는 비행기에 안에서 알게 된 침게와 다시 만났다.

11 어떻게 지내니?
12 내 친구 카탸를 소개할게
13 너는 무슨 일을 하니?
14 네 취미는 무엇이니?

어떻게 지내니?
Сонин сайхан юу байна?

울란바타르에서 며칠을 지낸 인표는 비행기 안에서 알게된 침게와 다시 만난다.

Ин Пё :　Сайн уу, Чимэг ээ?

Чимгээ :　Сайн, за сонин юу байна?
　　　　　Манай Улаанбаатар хот ямар байна?

Ин Пё :　Жижигхэн хот боловч үзэх зүйл ихтэй маш сайхан хот юм.
　　　　　Чамаар харин сонин юу байна?

Чимгээ :　Би сайн, нам тайван байна даа.

Ин Пё :　Чамтай дахин уулзаж байгаадаа баяртай байна.

Чимгээ :　Би ч бас их баяртай байна.

◉• Шинэ үг

сонин юу байна? 어떻게 지내니?	маш сайхан хот 아름다운 도시
нийслэл хот 수도	нам тайван 잘(평안히) 지내다
ямар байна? 어때요?	чамтай 너랑, 너와
жижигхэн 작은	дахин уулзах 다시 만나다
үзэх зүйл ихтэй 볼 것 많은	баяр хөөртэй байх 기쁘다

인표 : 안녕, 침게?

침게 : 안녕, 어떻게 지내고 있니?

　　　우리 수도 울란바타르 어때?

인표 : 약간 작지만 볼 것 많은 아름다운 도시야

　　　너는 어떻게 지냈어?

침게 : 나도 별일 없이 잘 지내고 있어.

인표 : 너를 다시 만나서 정말 반가워

침게 : 나도 무척 반가워.

⊙ Тайлбар

✎ Сонин юу байна? : 어떻게 지내니?

✎ Онц юмгүй дээ : 별일 없이 잘 지내다.

✎ Нам тайван байна даа : 잘 지내다.

몽골어의 양태첨사 даа는 문장이 뜻하는 사건에 대한 화자의 친근감 또는 단언의 의미를 갖는다.

◉• Дүрэм

탈격 「-аас⁴」

-аас⁴는 고대몽골어의 숨은 -н으로 끝나는 단어에 취하면 그 탈락된 -н이 나타나며 또한 고대 몽골어의 후설 연구개음 -нг로 끝나는 단어에 취하면 어미 앞에 -r가 나타낸다.

그리고 대명사 би, чи, та, энэ,тэр의 탈격형은 각각 надаас, чамаас, танаас, үүнээс, түүнээс이다.

2. 탈격형은 다음과 같은 의미를 나타낸다

1) 동작의 기점을 나타낸다

   (1) Би Монголоос ирсэн. 나는 몽골에서 왔다.

   (2) Тэр эмэгтэй байшингаас гарч явна. 그 여자가 건물에서 나가고 있다.

2) 시간의 기점을 나타낸다.

   (1) Би есөн сарын хоёрноос эхлээд сургуульдаа явна. 나는 9월 2일부터 학교에 갈 것이다.

3) 한편 몽골어의 탈격어미 -аас⁴는 탈격 이외에도 비교격 등의 다양한 의미를 나타낸다.

   (1) Цаснаас цагаан, цуснаас улаан. 눈보다 하얀, 피보다 더 빨간.

   (2) Туяа Нараагаас хөөрхөн. 토야가 나라보다 예쁘다.

4) 어미 ~аас⁴는 주격어미의 존대 형태를 나타난다. 공공 기관이나 단체에서 공문서 등을 작성할 때 ~аас⁴를 사용하며 이때는 주격어미와 동일한 의미를 나타낸다.

   (1) 정부에서 공식 성명을 발표 했다. (O) Засгийн газраас мэдэгдэл хийв.

     (O) Засгийн газар мэдэгдэл хийв.

5) 사물의 기원을 나타낸다

   (1) Надаас төрсөн хүү. 나에게서 태어난 아들

   (2) Ургамлаас тос, жимс гардаг. 식물에서 (식물) 기름과 과실이 산출된다

6) 원인 이유를 나타낸다

   (1) Чамаас болж хоцорсон. 너 때문에 잠이 들어 버렸다.

   (2) Дүүгээс болж ээжид загнуулав. 동생 때문에 엄마한테 많이 혼났다.

7) 사물의 일부분을 나타낸다

   (1) Энэ хоолноос зооглоорой. 요리 일부분에서 드세요.

   (2) Крантны уснаас уув. 수도물을 마셨다.

8) 어떤 사물을 다른 비슷한 사물과 교환하는 의미를 나타낸다.

   (1) Тэмээгээ мориноос өглөө. 낙타와 말을 같은 값으로 교환하였다

9) 불특정 기간을 나타낸다.

   (1) Аав хоёр гурав хоногоос ирнэ. 아버지는 2,3일 정도 지나면 돌아온다.

Соёл, зан заншил

<table>
<tr><td>몽골인의 성</td><td>

몽골인에게 성이 따로 없고 이름만 있는 이유는 과거 구소련이 몽골족을 말살시키고자 몽골의 성씨제도를 의도적으로 파괴한데서 비롯되었다. 즉 구소련은 1925년 몽골인의 성을 없애고 아버지의 이름을 '성'대신 사용하게 하였다. 이에 따라 몽골에서 4촌이 되면 혈연관계 와해 및 근친혼 문제 발생의 위험성에 처하게 되었으나 강한 민족애로 이를 잘 지켜 극복하여 왔다.

1990년 자유화 이후 몽골은 성(性) 찾기운동을 전개하고 있으며, 몽골 국립도서관 측은 고유 성씨 1,400여 개를 찾아내 지역별로 분류, 성씨 사용을 권장하고 있다. 이에 온 국민이 적극적으로 참여하여 현재 대부분의 몽골 사람들이 성(性)을 되찾게 되었다.

</td></tr>
</table>

내 친구 카탸를 소개할게
Танилц, миний найз Катя

12
-р хичээл

인표를 만나러 나온 침게가 동행한 러시아 친구 카탸를 인표에게 소개시킨다.

Чимгээ : Ин Пё, Би чамд найз Катягаа танилцуульяа.
Танилц, Катя ! Нэрийг нь Ин Пё гэдэг юм.
Ин Пё : Намайг Ин Пё гэдэг. Танилцсандаа баяртай байна.
Катя : Би ч бас баяртай байна. Намайг Катя гэдэг.
Чимгээ : Катя, Ин Пё бол Солонгос хүн.
Ин Пё : Тиймээ, би Солонгос хүн. Сөүл хотод амьдардаг.
Катя : Би Орос хүн. Москва хотын хүн.

Шинэ үг

чамд 너에게, 너한테	Орос хүн 러시아 사람
найз 친구	Сөүл 서울
танилцуулах 소개시키다	Москва 모스크바
амьдрах 살다	хотын хүн 출신

침게 : 인표씨, 내 친구 카탸를 소개할게.

카탸씨, 이 분은 인표라고 해

인표 : 저는 인표에요. 만나게 되어 반갑습니다.

카탸 : 저도 반가워요. 저는 카탸에요.

침게 : 캬타, 인표씨는 한국 사람이야.

인표 : 네, 저는 한국 사람이에요. 서울에서 살아요.

카탸 : 저는 러시아 사람이에요. 모스크바 출신이에요.

◉• Тайлбар

✐ **Найзыгаа танилцуулья** : 내 친구를 소개할게요.

일반재귀소유어미(-aa4)
몽골어 주격 이외의 다른 모든 격어미 뒤에 연결되어 그 단어가 동작주(주어)에소속되는 의미를 갖는다. 즉 '자신의'라는 의미를 갖게 된다.

속격 **Аавынхаа**   여처격 **аавдаа**

대격 **аавыгаа**   탈격 **аавaaсаа**

조격 **аавaараа**   공동격 **аавтайгаа**

방향격 **аав руугаа**

인칭재귀어미
1,2,3인칭 각 인칭에 대한 재귀소유의 의미를 갖게 된다.

1인칭 **минь** 나의   **маань** 우리의

2인칭 **чинь** 너의   **тань** 당신의

3인칭 **нь** 그의, 그것의

эгч минь 내 누나   **ах чинь** 네 형

дээл тань 당신의 옷   **аав нь** 그의 아버지

✐ **Энэ хүн бол** .... **юм** : 이 사람은 ....이다.

✐ **Би Сөүл хотын хүн** : 나는 서울 출신이다

◉ Дүрэм

✎ 조격(도구격)「-аар⁴」

몽골어의 도구격 -аар⁴는 고대몽골어의 후설 연구개음 -нг로 끝나는 단어나 장모음으로 끝나는 단어에 취하면 격어미 앞에 -г가 나타난다.

인칭 및 지시대명사 би, чи, та, тэр, энэ의 조격형은 각각 надаар, чамаар, танаар, түүгээр, үүгээр 이다.

2. 조격형의 말은 다음과 같은 의미른 나타낸다.

1) 동작을 위한 도구, 수단, 재료를 나타낸다.

   (1) Энэ ширээг модоор хийсэн. 이 식탁을 나무로 만들었다.

   (2) Сүүгээр цай сүлдэг. 우유로 우유차를 끓인다.

2) 조격어미에 재귀어미를 바로 취한다.

   (1) Гэрээрээ дайраад сургууль явна. 집으로 잠깐 들러 학교로 갈 것이다.

   Би өвөөгөөрөө үлгэр уншуулдаг. 나는 할아버지로 하여금 옛날 이야기를 들려 달라 했다.

3) 동작이 행해질(일어날) 장소, 시간을 나타낸다

   (1) Энэ жилийн сүүлээр Монгол явна 올해 말에 몽골에 간다

   (2) Орой сургууль дээр хичээлтэй 저녁에 학교에서 수업이 있다.

4) 원인, 이유, 근거를 나타낸다.

   (1) Багшийн ачаар эрдэм сурлаа. 선생님 덕택에 학문을 닦았다.

   (2) Амьдралын зовон хуримаар эхэлдэг жамтай 인생의 고뇌는 결혼에서 시작되는 법이다.

5) 수량을 나타낸다.

   (1) Гэртээ ганцаараа сууж байна 집에서 혼자 지내고 있다.

   (2) Бүгд яв! 모두 가세요.

6) 동사의 사역상과 함께 쓰인다.

   (1) Багш түүгээр самбар, ширээ арчууллаа. 선생님은 그에게 칠판과 책상을 닦게 하였다.

   (2) Эгчээрээ дээл хийлгэв. 언니에게 옷을 만들게 했다.

7) 직명, 관명과 함께 쓰인다.

   (1) Батыг үйлдвэрийн даргаар томилов. 바트를 공장장으로 임명했다.

   (2) Таныг судлаач ажилтнаар авна. 당신을 연구원으로 채용한다.

8) 사물의 정도를 나타내는 말 형용사와 함께 쓰인다.

   (1) Монгол орон малаар баян. 몽골은 가축으로 부자이다.

   (2) Хөвсгөл нуур загасаар элбэг. 홉스골 호수에는 물고기가 많이 있다.

Соёл, зан заншил

몽골 사회는 비교적 정중한 사회이며 예절을 매우 중시하는 사회이다. 몽골어는 알타이어계에 속해 한국어와 비슷한 점이 많다. 그러나 몽골어 존대법은 한국어처럼 서술어의 종결형으로 표현되지는 않지만 존칭접미사가 매우 발달해 있다.

몽골인들은 부모와 비슷한 연배의 어른일 경우 통상 아버지라는 뜻을 지닌 아아브(aaв)로 부른다. 동년배끼리는 서로 이름을 부르며, 상대방이 자기보다 나이가 많을 경우 형이란 뜻을 지닌 아흐(ax)와 누나란 뜻을 지닌 에그치(эгч)라고 부른다. 나이에 상관없이 상대편을 높여 부를 때에는 상대방의 이름 앞 및 뒤에 존경한다는 뜻을 지닌 에르헴(эрхэм) 및 고아(гуай)라는 용어를 각각 사용한다. 자기보다 나이 어린 사람들은 남녀를 막론하고 모두 동생이란 뜻을 지닌 두(дүү)라고 부르며, 나이 차이가 많이 날 경우에는 남녀를 막론하고 내아이, 내자식'이라는 뜻을 지닌 미니 후(миний хүү), 미니 어힝(миний охин)라고 부르기도 한다.

위의 호칭들은 아주 평범한 경어에 불과하다. 몽골인들의 대화에는 수많은 경어와 겸비어가 사용된다. 1920년대 몽골에서 공산혁명이 성공한 후 이러한 경어와 겸비어들을 모두 봉건적인 잔재로 여겨져 일시 사용이 금지되었지만 1950년대 이후 일부분은 문화어로 간주되어 다시 부활되었다.

너는 무슨 일을 하니?
Чи юу хийдэг вэ?

13 -р хичээл

인표와 카탸가 인사와 소개가 끝난 후 서로의 직업에 대해 이야기 한다.

Катя : Ин Пё, чи юу хийдэг вэ?

Ин Пё : Би одоохондоо оюутан.

Катя : Тийм үү, ямар чиглэлээр аль сургуульд суралцдаг вэ?

Ин Пё : Олон улсын чиглэлээр Сөүлийн их сургуульд суралцдаг.
         Харин Катя чи юу хийдэг вэ?

Катя : Би энд Оросын элчин сайдын яаманд орчуулагчаар ажилладаг.

Ин Пё : Ажил чинь их сонирхолтой юу?

Катя : Тэгэлгүй яахав, хариуцлага өндөр боловч би ажилдаа их дуртай.

Шинэ үг

ажил 직업	элчин сайдын яам 대사관
оюутан 대학생	орчуулагч 통역관
одоохондоо 아직은	ажиллахг 일하다
ямар чиглэл 무슨 학과	сонирхолтой юу? 재미 있어요?
аль сургууль 어느 대학교	хариуцлага 책임감
ОУ-ын анги 국제학과	өндөр боловч 높지만

카탸 : 인표씨, 직업이 무엇입니까?

인표 : 저는 아직 대학생이에요.

카탸 : 아 그래요, 어느 대학에서 무엇을 전공하고 있습니까?

인표 : 국제관계학과 전공으로 서울대학교에서 공부하고 있어요.

　　　　카탸씨는 무슨 일을 하고 있습니까?

카탸 : 저는 여기 주몽 러시아대사관에서 통역관으로 일하고 있습니다.

인표 : 하는 일이 재미있으세요?

카탸 : 물론이죠, 책임이 크지만 저는 제 일을 좋아해요.

Тайлбар

✎ **Чи юу хийдэг вэ?** : 당신의 직업은 무엇입니까?

✎ **Чи .... дуртай юу?** : 당신은 …을 좋아합니까?

몽골어에서 хайртай(사랑하다), дуртай(좋아하다), харэгтэй(필요하다) 등의 단어를 사용할
경우 선행어에 여처격어미 -д / -т를 연결하여 사용한다

✎ **тэгэлгүй яахав** : 물론이죠

◉ Дүрэм

✏ 공동격 「-тай/-тэй/-той」

몽골어 공동격어미는 한국어의 '–와/–과'에 대응하며 문장에서 대부분의 경우 хамт(함께), цуг(같이), адил(같은) 등의 단어와 같이 쓰인다.

(1) Надтай хамт манай руу явцгаая.
나와 함께 우리 집에 가자.

(2) Багштай цуг хичээл хийх ёстой.
선생님과 같이 공부 해야 한다.

(3) Энэ хувцас миний хувцастай адил юм.
이 옷은 내 옷과 똑같다.

[메모] 한편 ~тай/~тэй/~той 어미는 형용사를 파생하는 '~가 있는, ~을 가진'의 의미를 나타내기도 한다. 또한 공동격 어미는 의미상 ~гүй로 바뀔 수 없으며 어미 뒤에 재귀어미를 취할 수 있다.

(4) Би аавтайгаа кино үзэхээр явлаа.
나는 (나의) 아버지와 함께 영화(를) 보러 갔다.

(5) Туяа ангийнхантайгаа үдэшлэгт явна.
토야는 (자신의) 학과 학생들과 같이 파티에 갈 것이다.

(6) Манай нутагт модтой уул их бий.
우리 고향에는 나무가 있는 산이 많다.

[메모] 일반의문문에는 의문대명사 ямар을 사용하지만 공동격형 본래의 의문형에는 의문사의 공동격형인 хэнтэй, юутай을 사용한다.

(1) Танай нутаг ямар вэ? 당신 고향은 어떻습니까?
Манай нутаг маш их модтой. 내 고향은 나무가 아주 많다

(2) Та хэнтэй ирэв? 당신은 누구와 왔습니까?
Би Доржтой ирлээ. 저는 도르지와 왔다

3) 비교의 의미를 나타낸다.

(1) Хуулбарыг эхтэй нь тулгав. 사본을 원본과 대조하여 확인했다.

(2) Баттай адил сайн хүн ховор. 바트와 같이 좋은 사람은 정말로 드물다.

4) 대립의 의미를 나타낸다.

(1) Өчигдөр найзтай муудалцлаа 어제 친구와 말다툼을 했다.

5) 동작 행위의 수단을 나타낸다

(1) Тэд машинтай(=машинаар) иржээ. 그들은 차로(차를 타고) 왔다.

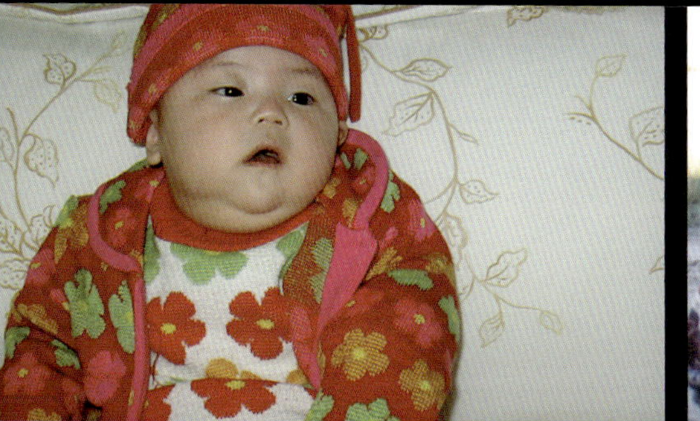

Соёл, зан заншил

네 취미는 무엇이니?
Чиний хобби юу вэ?

서로의 직업에 대해 이야기 나눈 인표와 카탸가 서로의 취미에 대해서 물어본다.

Ин Пё : Катя, чиний хобби юу вэ?

Катя :   Би өөртөө цаг гарвал кино үзэх их дуртай.

Ин Пё : Ямар төрлийн кино үзэх их дуртай вэ?

Катя :   Би бүх төрлийн кино үзэх дуртай.
Харин Ин Пё чиний хобби юу вэ?

Ин Пё : Би ууланд авирах их дуртай.

Катя :   Их сайхан хоббитой юм байна.

◉• Шинэ үг

хобби 취미	ямар төрөл 어떤 종류
өөртөө 자신에게	бүх төрөл 모든 종류
цаг гарах 시간이 나다	ууланд авирах 등산하다
кино үзэх 영화를 보다	их сайхан хобби 멋진 취미
дуртай 좋아하다	

인표 : 카탸씨, 당신의 취미는 무엇입니까?

카탸 : 나는 시간이 나면 영화 보는 것 좋아해요.

인표 : 그럼 어떤 장르의 영화를 좋아하나요?

카탸 : 나는 각종 영화를 모두 좋아해요.
　　　그런데 인표씨 취미는 무엇입니까?

인표 : 나는 등산을 좋아해요.

카탸 : 너무 멋진 취미를 갖고 있네요.

◉· Тайлбар

✐ **Чиний хобби юу вэ?** : 당신의 취미는 무엇입니까?

✐ **цаг гарвал...** : 시간이 나면....

✐ **~아(어) 죽겠다'** 등의 표현을 할 때는 다음과 같다

　өлсөж үхлээ! 배고파 죽겠다.
　хөлдөж үхлээ! 추워 죽겠다.

◉• Дүрэм

✐ 방향격 「-руу/-рүү, -луу/-лүү」

몽골어의 방향격은 -руу/-рүү, -луу/-лүү 라는 어미를 취하며 한국어의 '로'에 대응한다. -луу/-лүү는 선행어의 어말이 'p' 로 끝나는 경우에 붙는다. 또한 선행어에 결합하지 않고 분리되어 쓰이는 경우가 많다.

Хотруу(хот руу), байрлуу(байр луу), дэлгүүрлүү(дэлгүүр лүү), гэрлүү(гэр лүү)

이런 형태의 의문형에는 хэн рүү, юуруу 외에 의문대명사인 хаашаа(어디에)도 널리 사용되고 있다.

(1) Манай ах өчигдөр орой голруу явсан 내 형은 어젯밤 강쪽으로 갔습니다.

(2) Тэр хүн үүд рүү хараад сууж байна 저 사람은 문쪽을 보고 앉아 있다

[메모 1] 방향격어미는 모든 명사 뒤에 올 수 있으며, 재귀격 어미를 취할 수 있다.

(1) Маргааш бид сургууль руугаа явна.
내일 우리는 (우리가 다니는) 학교로 갈 것이다.

(2) Багш гэрлүүгээ явсан.
선생님은 자택으로 향했다

[메모 2] 몽골어의 өөд 즉 "위를 향하다" 란 말도 방향격과 같은 의미를 나타내며, 구어에서는 선행어와의 모음조화에 따라 -аад⁴라는 어미가 되는 경우가 많다.

(1) Манай эгч гэрээдээ (=гэр+өөд+өө) явсан 우리 언니는 집으로 갔다.

(2) Чи тэр уулаад (=уул+өөд) хар! 너는 저 산쪽을 봐!

Соёл, зан заншил

몽골 게르에서의 금기 사항

어느 나라, 어느 민족에게나 금기 사항이 있기 마련이다. 몽골에도 남의 게르를 방문할 때 기본적으로 지켜야 할 금기 사항들이 많다. 몽골 유목민 가정집을 방문할 때 금기사항은 아래와 같다.

– 방문한 집에 들어가기 전에 밖에서 소변보는 것을 금한다. 일단 집안에 들어가 집주인과 인사를 나눈 뒤 나와서 볼 일을 본다.

– 다른 집에 들어가지 않으면서 그 집 앞으로 가로질러 가는 것을 금한다. 반드시 집 뒤쪽으로 돌아서간다.

– 남의 집에 들어갈 때는 총이나 칼, 말채찍 같은 것을 손에 들고 가지 않고 문밖 게르 위에 올려놓고 들어가야 한다. 위협적인 태도로 보일 수 있기 때문이다.

– 문지방을 밟고 있거나 들어가는 것, 문지방에다 뼈를 치거나, 나무를 부러뜨리는 행위를 금한다. 이것을 어기면 문의 신이 놀라며, 집안에 좋지 않은 징조가 오래 간다고 본다.

– 손님이 찾아갔을 때 주인은 정성껏 대접하며, 손님이 가기 전에 손님이 가져온 선물을 풀어 보지 않는다.

– 손님은 대접한 음식과 차를 조금이라도 맛보다 내려놓아야 하며 그대로 내려놓으면, 귀신이 와서 맛본다고 한다. 또한 이는 주인을 멸시하는 행위로 받아들여진다.

– 주인이 음식을 내왔는데 "배부르다", "방금 식사했다"고 하지 않는다. 주인의 성의를 무시하는 태도로 여겨진다.

– 안주인은 새 차를 끓여 그릇에 든 차를 손님 앞에 그대로 놓지 않고 반드시 손님의 손에 쥐어 준다.

– 그릇에 따라준 차를 서서 마시지 않는다.

хичээл 5

인표는 새 친구들과 같이 식사하였다.

15 같이 식사하자
16 너희는 무엇을 주문할 거니?
17 디저트는 무엇으로 할까요?

THE BULL
HOT POT RESTAURANT

같이 식사하자
Хамт хооллоё.

인표는 침게와 그의 친구 카탸에게 같이 저녁 식사하기를 제안한다.

Ин Пё : Та нар өнөөдөр завтай юу?

Чимгээ : Завтай байлгүй яах вэ, чи юу сураа вэ?

Ин Пё : Тэгвэл хамт хооллоё. Би та хоёрыг дайлья.

Катя : За тэгье, тэгвэл Улаанбаатар юмуу Сөүл ресторанд орьё.

Ин Пё : Та хоёрт аль нь дээр вэ?

Чимгээ : Ин Пё Монголд аялалаар ирсэн учраас монгол хоол илүү сонин байх болов уу.

Катя : Тэгвэл бүгдээрээ Улаанбаатар ресторан руу явцгаая.

◉• Шинэ үг

та нар 너희들	аялалаар ирэх 여행 오다
яасан 왜	за тэгье 자, 그렇게 하자
завтай юу? 시간이 있어요?	Монгол хоол 몽골 음식
хамт 같이	бүгдээрээ 모두
хоолонд орох 식사하다	Улаанбаатар ресторан 울란바타르 레스토랑
дайлах 대접하다	

인표 : 너희 오늘 시간 어떠니?

침게 : 괜찮아, 왜?

인표 : 그럼 같이 식사하자. 내가 식사 살게

카탸 : 그래, 그럼 울란바타르나 서울 레스토랑에 가자.

인표 : 어느 식당이 좋을까?

침게 : 인표씨가 몽골에 여행하러 왔으니 몽골 음식이 더 흥미로울 듯 한데.

카탸 : 그러면 우리 모두 울란바타르 레스토랑으로 가자.

◉• Тайлбар

✎ **Завтай юу?** : 시간 있어요?

✎ **За, тэгье** : 자, 그렇게 하자

긍정의 표현: **тийм**(예)
질문에 대한 긍정의 대답으로 사용하며 "동의, 맞다"라는 의미를 나타낸다.
부정의 표현: **үгүй**(아니다) **биш**(~가 아니다)
질문에 대한 부정의 대답으로 사용한다

✎ **Аль нь дээр вэ?** : 어느 것이 좋습니까?

⊙ Дүрэм

✎ 수사 표현법

몽골어 수사는 기본 수사에 -дугаар/-дүгээр, -дах/-дэх(...번째/...째)와 같은 어미들을 연결하여 숫자의 순서를 나타내는 다양한 서수사를 만든다.

...째	...번째	...째	...번째
Нэг дэх	Нэгдүгээр	Зургаа дах	Зургаадугаар
Хоёр дах	Хоёрдугаар	Долоо дах	Долоодугаар
Гурав дах	Гуравдугаар	Найм дах	Наймдугаар
Дөрөв дэх	Дөрөвдүгээр	Ес дэх	Есдүгээр
Тав дах	Тавдугаар	Арав дах	Аравдугаар

한편으로 외국인 학습자들의 경우 모음조화 규칙에 따라 위의 어미들을 연결하면 되는 서수사와는 달리 년월일시를 몽골어로 옮길 때가 의외로 어렵다고 토로한다. 왜냐하면 몽골어의 기본 수사는 모두 고대몽골어에 -n로 끝나는 단어들이었으며, 현대몽골어에서 한정어(тодотгол)로 사용할 때 숨은 -n이 대부분의 경우 나타나기 때문이다. 한편으론 일부 수사의 경우 숨은 -n이 나타나지 않은 경우도 있으므로 유의해서 옮겨야 한다.

1) 시간을 말할 때

1시	Нэг цаг	1분	Нэг минут
2시	Хоёр цаг	2분	Хоёр минут
3시	Гурван цаг	3분	Гурван минут
4시	Дөрвөн цаг	4분	Дөрвөн минут
5시	Таван цаг	5분	Таван минут
6시	Зургаан цаг	6분	Зургаан минут
7시	Долоон цаг	11분	Арван нэгэн минут
8시	Найман цаг	22분	Хорин хоёр минут
9시	Есөн цаг	33분	Гучин гурван минут
10시	Арван цаг	44분	Дөчин дөрвөн минут
11시	Арван нэгэн цаг	55분	Тавин таван минут
12시	Арван хоёр цаг	60분	Жаран минут

[메모] 시간을 말 할 때, 일반적으로 수사 1과 2에서는 숨은 -n이 나타나지 않는다. 다만 수사 11의 경우에서는 숨은 -n이 나타나고, 2에서는 숨은 -n이 나타나지 않는다.

2) 년월일을 말할 때

2001 оны 2 сарын 2

Хоёр мянга нэг оны хоёр сарын хоёрон

Соёл, зан заншил

몽골인의 음식문화

몽골 사람은 자기 집에 온 사람에게 밥을 먹었는지, 차를 마시겠는지를 묻지 않는다. 차와 유제품은 늘 식탁 위에 마련되어 있으며, 유목민 게르에 들어가면 주인이 권하기 전에 식탁 위의 그 유제품을 조금이라도 맛보는 것이 예의이다. 때가 되면 의례 음식을 대접한다. 유제품이나 차를 먹지 않고 나오면 그 집 식구들을 모욕하는 것이 된다.

몽골의 음식 종류는 크게 5가지 형태로 나눌 수 있다. 1) 백색식품(유제품), 2) 흑색식품(다류), 3) 녹색식품(채소류), 4) 적색식품(육류), 5) 황색식품(곡류)으로 대분류된다.

백색 음식은 말, 소, 낙타, 양, 염소의 젖으로 가공된 대표적 20여 종류 유제품이며, 백색의 깨끗한 식품으로 불린다. 그리고 여름철에 먹는 식품이며, 그 원인은 가축의 보호 및 육식으로 인한 체내의 노폐물을 정화시키는 기능이 있다.

녹색 음식에는 채소류가 여기에 해당된다.

적색 음식은 육류이며 추운계절의 식품이다. 맨처음 서리가 내인 이후 하계목장에서 키운 가축들이 도살되기 시작하며, 각종의 가축고기가 저장된다. 가장 많이 섭취하는 육류는 양고기, 쇠고기이며 그 다음은 염소고기, 말고기 그리고 낙타고기도 먹는데 돼지고기나 닭고기는 거의 먹지 않는다.

그러나 고기를 고기 자체로 또한 날로 먹지 않으며, 대개 국을 만들거나 국수에 넣고 끓이거나, 볶거나 구운 만두 및 찐 만두속에 넣어 먹는다. 특별한 날은 부위별로 해체해 뼈채 삶아 먹기도 한다.

흑색 음식에는 다류가 주를 이루는데 몽골 유목민은 중국 벽돌차에 우유를 넣어 끓인 сүүтэй цай(우유차)를 즐겨 먹는다

황색 음식에는 곡류를 보조식품으로 사용하고 있다. 몽골에서 예부터 곡식이 들어간 음식을 내놓는 것이 최고의 대접이었으며, 고기와 유제품으로 식사를 하던 몽골인은 가장 귀한 손님이 오면 보리, 귀리 등 잡곡이 든 음식을 장만하였다. 곡물을 구하기 쉽지 않아 지배층이나 군이라야 중국을 침략, 약탈한 쌀 등 중국산 곡물을 의지해 왔지만 유목미족은 흉노때부터 몽골 고원지대 셀렝게 강 유역에서 농경 전통이 있었다. 그 당시 재배한 곡물은 몽골아무(монгол амуу), 부다잉 구릴(буудайн гурил)쌀, 보리, 보르착크(буурцаг), 사가긴 구릴(сагагийн гурил), 나리민차강(наримын цагаан) 등이다.

너희는 무엇을 주문할 거니?
Та нар юу авах вэ?

16
-р хичээл

인표는 친구들과 식사를 주문하기 위해 웨이터를 부른다.

Ин Пё : Зөөгч өө, энд хоолны цэсээ авчирч өгнө үү.

Зөөгч : За, одоохон. Энд байна.

Та бүхэн ямар хоол захиалах вэ? (хэсэг хугацааны дараа)

Чимгээ : Бид хоёрт Улаан лооль болон ногоотой шөл, энэ залууд борцтой гурилтай шөл өгнө үү.

Ин Пё : Борцтой шөл гэсэн үү? Ямар хоол вэ, амттай юу?

Катя : Үндэсний хоолны нэг төрөл. Надад бол их аятайхан байдаг юм.

Зөөгч : Та нар өөр юу захиалах вэ?

Чимгээ : Бид хоёрдугаар хоолонд үхрийн гол мах авья.

Катя : Мөн бидэнд төмс болон байцаа, лууван зэрэг ногооны салат хамт авчирч өгнө үү.

◯• Шинэ үг

хоолны цэс 식사 메뉴

авчирч өгөх 갖다 주다

ямар хоол 어떤 음식

захиалах 주문하다

улаан лооль 토마도

ногоотой шөл 야채국

борц 육포

гурилтай шөл 칼국수

амттай юу? 맛있어요?

үндэсний хоол 전통 음식

нэг төрөл 한 종류

2-р хоол 메인 식사

үхрийн гол мах мах 소고기 스테이크

төмс 감자

байцаа 배추

лууван 당근

ногооны салат 야채 샐러드

인　표 : 웨이터! 여기 메뉴판 좀 갖다 주세요.

웨이터 : 잠깐만요, 여기 있습니다.

　　　　　어떤 음식을 주문하시겠습니까? (조금 있다가)

침　게 : 우리는 토마토 스프와 야채 스프를 주시고, 이 분에게는 육포칼국수(고릴테 숄)를 주세요.

인　표 : 육포 칼국수? 어떤 음식일까, 맛있어요?

카　탸 : 전통 음식 중의 하나에요. 제가 좋아하는 음식이거든요.

웨이터 : 더 주문하실 거 있으세요?

침　게 : 우리 메인 메뉴는 비프 스테이크를 주세요.

카　탸 : 그리고 우리에게 감자랑 배추, 당근이 들어간 야채 샐러드를 같이 갖다 주세요.

◎• Тайлбар

Хоолны цэсээ авчирч өгнө үү : 메뉴판 좀 갖다주세요.

Та нар өөр юу захиалах вэ? : 더 주문하실 것 있습니까?

부재의 표현 байхгүй(없다) 와 алга(없다)

байхгүй는 말하는 사람이 어떤 사물의 부재를 이미 알고 있거나 또는 본래부터 부재하는 경우에 사용한다. Алга는 화자가 어떤 사물의 부재를 확인한 경우 또는 어떤 사물이 일시적으로 부재하는 경우에 사용한다.

◉• Дүрэм

✎ 의문대명사 「яах」, 「хаана」의 사용법

몽골어 의문대명사는 хэн(누구), юу(무엇), аль(어느(것)), ямар(어떤), хэр(얼마나), хэд(얼마, 몇), хэчнээн(얼마나), хэзээ(언제), хэдийд(언제 쯤), хаана(어디), хааш(어디로), яах(어떻게) 등이 있으며, 의문문의 경우 бэ, вэ를, 의문대명사가 없는 경우 уу, үү, юу, юү를 사용한다. 이 중에서 「я-」와 「хаа-」는 아래 예문에서 보듯이 문장에서 동사의 어간으로 쓰일 수도 있고 또는 동사처럼 활용되기도 한다.

1) 미래 시제에서

(1) Туяагийн өгсөн номыг яах вэ?
　　토야가 준 책을 어떻게 할까?

(2) Хоёулаа бүтэн сайнд хаачих вэ?
　　우리 주말에 어디로 갈까?

[메모] 위의 예문에서와 같이 두 의문대명사는 미래 시제로 사용할 때 -х를 취한다. 아울러 2인칭, 3인칭에서 -х를 취하는 「яах」·「хаачих」과 함께 동사 гэж бай-를 보조동사로 쓸 수 있으며, 또한 гэж бай- 어간에 동사 어미들을 취할 수 있다. 하지만 이를 1인칭에 쓰면 틀린 문장이 되고만다. 이를 예문을 들어 비교해 보면 다음과 같다.

(3) 너는 토야가 준 책을 어떻게 할거니?

(О) Чи Туяагийн өгсөн номыг яах гэж байна вэ?

(Х) Би Туяагийн өгсөн номыг яах гэж байна вэ?

[메모] 한편 「яах」·「хаачих」는 гэж бай-를 취할 때를 제외하곤 다른 동사와 연결할 때 의문대 명사의 기본 기능을 갖는다.

(4) Энэ хэрэг яах болсон бэ?
　　이 일이 어떻게 된 겁니까?

(5) Чи хаачихаар явах бэ?
　　너는 어디로 갈 거니?

2) 현재 시제에서

(1) Туяа хаачиж байна гэнэ?
　　토야는 어디로 간다고 하니?

[메모] 현재 시제로 활용할 때 또한 다른 동사들처럼 -ж байна(〜고 있다), -ж явна(〜고 간다) 등 대등연결어미 −ж로 동사의 어간에 연결된다.

3) 과거 시제에서

(1) Чиний шалгалт чинь яасан бэ?
　　네 시험이 어떻게 되었니?

Соёл, ёс заншил

유 제 품

몽골인들은 유제품을 신이 유목민에게 내린 축복이자 신성하고 고귀함을 나타내는 상징물로 간주하고 있다. 따라서 귀중한 손님을 맞거나 떠나 보낼 경우 우유나 마유주 등의 유제품으로 경의나 안녕을 표한다.

유목민 가정에서 각종 버터, 크림, 치즈, 요구르트와 음료를 직접 만들어 소비하는데 대개 한집에서 만들어 먹는 유제품의 종류는 20여가지에 이른다.

유제품은 대개 거품을 내거나 가열, 발효, 건조, 또는 여러 유제품을 섞고 끓이는 등의 여러 방법으로 가공하는데 매단계마다 완성품이 탄생하고 그 완성된 유제품을 다시 가공하여 새로운 유제품이 만들어진다. 예를 들어, 8∼10리터 양의 신선한 소젖을 열을 가해 거품을 내고 모아 다시 식히는 방법으로 몽골인들이 가장 즐겨먹는 'өрөм'라고 하는 크림이 나온다. 그 어름을 계속 농축시키면 шар тос(버터의 일종)를 만들 수 있다.

유제품 종류는 다양하며, бяслаг(치즈), ааруул(말린 요구르트), арц(무른 요구르트), ээзгий(일존의 치즈), тараг(요구르트), айраг(발효된 말젖), хоормог(낙타젖 발효유) 등이 있다.

디저트는 무엇으로 할까요?
Ямар амттан захиалах вэ?

메인 요리까지 식사가 끝나자 웨이터가 와서 디저트 주문을 받는다.

Зөөгч : Та бүхэн ямар амттан захиалах вэ?
Манайд кофе, алимний бялуу, мөхөөлдөс зэрэг байна.
Ин Пё : Би кофеууя.
Чимгээ : Би мөхөөлдөс, Катя чамд алимний бялуу ямар вэ?
Катя : Харин ээ, би бас чамтай адил мөхөөлдөс идмээр байна.
Зөөгч : Та бүхний захиалгыг хүлээн авлаа. Бэлэн болмогц та бүхэнд авчирч өгье.
Ин Пё : Баярлалаа

◉• Шинэ үг

диссерт 디저트	захиалга хүлээн авах 주문을 받다
манайд 이곳에서는	бэлэн болох 준비되다
кофе 커피	та бүхэнд 여러분께
алимны торт 사과 케익	авчирч өгөх 갖다 주다
мөхөөлдөс 아이스크림	харин л дээ 글쎄요!

웨이터 : 디저트는 무엇으로 주문하시겠어요?

우리 레스토랑에는 커피, 사과케익, 아이스크림 등이 있습니다.

인　표 : 저는 커피를 마실게요.

침　게 : 저는 아이스크림, 카탸 너는 사과 케익 어때?

카　탸 : 글쎄, 나도 너처럼 아이스크림 먹고 싶어.

웨이터 : 주문 잘 받았습니다. 준비되는 대로 갖다 드릴게요.

인　표 : 감사합니다.

● Тайлбар

● Ямар амттан захиалах вэ? : 디저트는 무엇으로 주문하시겠어요?

● Кофе өгнө үү : 커피 주세요.

● -я(-е, -ё)

화자 자신이 상대방에게 말하고자 하는 '의도'를 나타내거나 '동의'를 구할 경우 사용하는 문장종 결어미이다.

авъя 받을게요, 살게요, 가질게요

идье 먹을게요

оръё 들어갈게요

◉ Дүрэм

✎ 형용사의 의미 비교 「-дуу/-втар⁴와 час, хав, бүв」

몽골어에서 형용사는 -дуу/-втар⁴ 등의 접미어와 결합하여 그 형용사의 본래 의미보다 조금 약한 의미를 나타내는 특성을 갖는다. 그리고 한국어의 희디 희다(아주 희다), 푸르디 푸르다(아주 푸르다), 붉디 붉다(아주 희다)의 표현처럼 час, хав, бүв 등의 접두사가 형용사 앞에 쓰이면 본래의 형용사의 의미보다 더 강한 의미를 나타낸다.

-дуу	-втар	-ø	час... + 형용사
халуундуу (조금 뜨거운)	халуувтар (халуундуу보다 더 뜨거운)	халуун 뜨거운	час/хав халуун 아주 뜨거운
хүйтэндүү (시원하다)	хүйтэвтэр (хүйтэндүү 보다 더 시원한)	хүйтэн 추운	хүв хүйтэн 아주 추운
хурдандуу (조금 빠른)	хурдавтар (хурдандуу 보다 더 빠른)	хурдан 빠른	хув хурдан 아주 빠른
удаандуу (조금 천천히)	удаавтар (удаандуу 보다 더 천천히)	удаан 천천히	ув удаан 아주 천천히
таргандуу (조금 살찐)	таргавтар (таргандуу 보다 더 살찐)	тарган 살찐	тав тарган 아주 살찐
туранхайдуу (조금 마른)	туранхайвтар (туранхайдуу 보다 더 마른)	туранхай 마른	тув туранхай 아주 마른

[메모] 문장에서 형용사는 선행어와 주로 주격이나 여처격어미, 또는 탈격어미와 짝을 이루어 쓰인다.

(1) Өнөөдөр гадаа хүйтэвтэр байна шүү.
오늘 밖에 조금 춥더라.

(2) Гадаа хүйтэн байгаа учраас хав халуун цай ууя.
밖에 추우니까 아주 뜨거운 차를 마시자.

(3) Тэр хурдандуу явж байгаа машинаас удаавтар яваарай.
저기 조금 빠르게 가고 있는 차보다 조금 천천히 가세요.

(4) Чи арай таргандуу байна, арай туранхайдуу байвал гоё зохино доо.
네가 조금 살찐 것 같다, 조금 살을 빼면 더 어울릴 것이다.

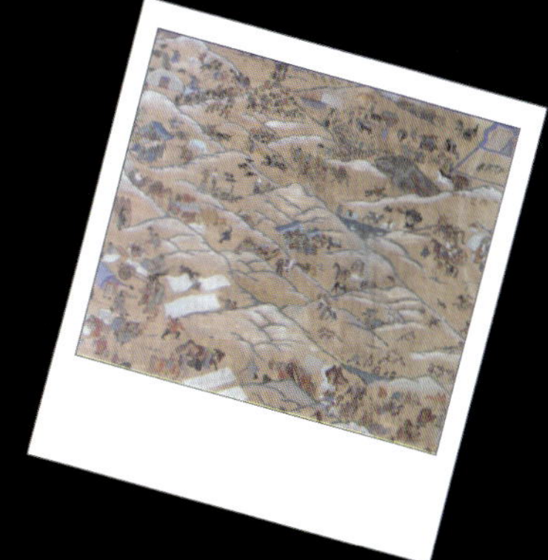

Соёл, зан заншил

몽골의 혼례 | 몽골의 고대 결혼 형태는 족외혼이 성행하였다. 이외에도 데릴사위제, 약탈혼, 일부
다체제, 형사취수제, 과객혼 등의 다양한 혼인례가 이루어졌다.

ХИЧЭЭЛ 6

인표는 몽골 민속씨름을 구경하였다.

18 남성 삼종 경기
19 몽골 사람들은 정말 민속 씨름을 좋아하는 것 같아
20 자연사 박물관에서

ТҮҮХИЙН МУЗЕЙ
NATURAL HISTORY
MUSEUM
музейн өдөрт зориулав.
2011.05.13-23
ЯЛДАМ
ТАНСАГ
ТӨГС
аны цэцгийн
ЭН ХУДАЛДАА
Зохион байгуулагч:
99603734, 99077011, 99254627

남성 삼종 경기
Эрийн гурван наадам

18
-р хичээл

인표는 몽골에 가장 많이 보급된 스포츠가 무엇인가를 침게에게 묻는다.

Ин Пё : Монгол оронд хамгийн их дэлгэрсэн спорт юу вэ?

Чимгээ : Бөх барилдах, сур харвах, морь уралдах.

Ин Пё : Маш сонирхолтой сонсогдож байна.

Чимгээ : Үүнийг бид эрийн гурван наадам гэдэг.

Ин Пё : Урьд нь энэ тухай нэвтрүүлэг үзсэн санагдаж байна.

Чимгээ : Эрийн гурван наадам бол манай бахархал болсон үндэсний спорт юм.

◐• Шинэ үг

дэлгэрэх 보급되다	сонсогдох 들리다
спорт 스포츠	урьд өмнө нь 예전에
бөх барилдах 씨름하다	нэвтрүүлэг 방송
сур харвах 활 쏘다	үзэх 보다
морь уралдах 말 경주	санагдах 기억되다
эрийн гурван наадам 남성 3종 경기	бахархал 자랑스러운
сонирхолтой 흥미롭다	үндэсний спорт 전통(국민) 스포츠

인표 : 몽골의 가장 대표적인 스포츠는 무엇이지요?

침게 : 씨름, 활쏘기, 말타기이지요.

인표 : 너무 흥미롭게 들린다.

침게 : 이들 종목을 우리는 '남성 3종 경기'라고 하지요.

인표 : 예전에 이에 대한 방송을 본 것 같아요.

침게 : '남성 삼종 경기'는 우리의 자랑스러운 국민 스포츠랍니다.

◉• Тайлбар

✍ Хамгийн их дэлгэрсэн спорт бол .... : 가장 대표적인(많이 보급된) 스포츠는 .....이다.

✍ Маш сонирхолтой сонсогдож байна : 매우 흥미롭게 들린다

동사 현재진행형 -ж байна
몽골어 동사의 현재진행형은 '-ж / -ч байна'이고 한국어의 '～고 있다'에 대응한다. 의문형은
의문첨사 уу를 연결한 '-ж / -ч байна уу?' 이다.

маш 부사어의 유의어
нэн, тун, аймаар, айгүй, үлэмж

✍ Урьд өмнө нь : 예전에

◎• Дүрэм

🖌 동사 시제어미 사용법

몽골어의 동사의 시제어미는 서술어의 끝부분에 결합하여 문장을 끝맺는 기능을 수행하는 문법 형태다. 동사 시제의 경우 일반적으로 몽골어를 배우는 외국인 학습자들은 과거 시제 -лаа⁴, -сан⁴, -в 어미와 현재시제 -ж байна, 그리고 미래 시제 -на4를 구분 못 하는 경우들이 많다.

1. 현재시제어미 「-ж байна」과 미래시제어미 「-на」

동사 어간에 현재를 나타내는 동사종결어미 -ж байна을 연결하여 현재시제를 나타내고, 미래를 나타내는 동사 종결어미 -на⁴를 연결하여 미래시제를 나타낸다.

(1) Ээж дэлгүүр явж байна.
　　 어머니가 백화점으로 가고 있다.

(2) Ээж дэлгүүр явна.
　　 어머니는 백화점에 갈 것이다.

(3) Туяа Улаанбаатарт амьдарч байна.
　　 토야는 올란바타르에 살고 있다.

(4) Туяа Улаанбаатарт амьдарна.
　　 토야는 올란바타르에서 살 것이다.

2. 현재시제어미와 미래시제어미의 부정

현재시제 부정은 -аагүй⁴ байна/-хгүй байна를, 미래시제의 부정 어미는 -хгүй⁴를 취한다.

1.(a) Туяа гэрээсээ гараагүй байна.
　　　 토야는 집에서 나가지 않고 있다.

　(b) Туяа гэрээсээ гарахгүй байна.
　　　 토야가 집에서 나가지 않고 있다.

　(c) Туяа гэрээсээ гарахгүй.
　　　 토야는 집에서 나가지 않을 것이다.

2.(a) Бат намд элсээгүй байна.
　　　 바트는 당에 가입하지 않고 있다.

　(b) Бат намд элсэхгүй байна.
　　　 바트는 당에 가입 안하고 있다.

　(c) Бат намд элсэхгүй.
　　　 바트는 당에 가입하지 않을 것이다.

[메모] 현재시제 부정법은 과거와 미래시제의 부정 형태 둘 다 쓸 수 있으며, ~аагүй⁴ байна는 '아직 ~지 않고 있다'와 ~хгүй байна에서는 '~ 안하고 있다'의 의미를 각각 가리킨다.

Соёл, зан заншил

몽골에서 매년 여름 7월 11,12,13일에 행하는 대표적 국가 축제인'наадам'이며, '즐기다'라는 뜻의 몽골어'наадах'에서 유래되었다.

'나담'은 고대로부터 전통적으로 내려온 민속 축제의 하나로 나라에서 가장 강한 씨름선수, 가장 빠른 기수, 가장 활을 잘 쏘는 궁수를 모아 기예를 겨루는 경기로, 이 세 가지를 지칭하여'남성 3종 경기'라고 한다. 그러나 실제로 씨름만 남자 선수들이 출전하고 활쏘기, 말경주에는 여자 선수들도 출전한다.

'남성 3종 경기'의 유래는 흉노 기원설, 사마르칸트 정복기념설, 근대혁명기념설 등 여러 가지 학설이 있으나 이중 몽골인의 직접 조상인 흉노시대에 시작되었다고 보는 설이 가장 타당성 있게 받아들여지고 있으며, 수렵과 목축에 종사했던 유목민들이 생활의 경험을 축적하고 적으로부터 부족을 보호하고 지킬 병사를 훈련시켜야 할 사회적 요구가 생겼을 때 병사를 훈련시키고 그 힘을 시험할 목적으로 활쏘기, 말타기, 씨름 등의 경기가 생겼다고 한다.

사진 출처: 김학선의 몽골 사랑(다음까페)

몽골 사람들은 정말 민속 씨름을 좋아하는 것 같아
Монгол хүмүүс бөхийн спортод үнэхээр дуртай байх аа.

19
-р хичээл

전통 스포츠 중의 하나인 씨름에 대해 침게와 이야기를 나누는 인표씨.

Ин Пё :　Монгол хүмүүс бөхийн спортод үнэхээр дуртай байх аа.

Чимгээ:　Тэр ч үнэн шүү. Монгол баяр наадмыг бөх үзэхгүйгээр төсөөлөх
　　　　　хэцүү.

Ин Пё :　Нээрээ л тийм байх даа.

Чимгээ :　Зун цагт бол бөх үзэхээр олон хүмүүс стадионд ирдэг.

Ин Пё :　Хэрвээ та нар бөхийн спортгүй болчихвол яах бол оо?

Чимгээ :　Тэгвэл ч нүд баясгах спорт л нэгээр хорогдох байх даа.

Шинэ үг

монгол хүмүүс 몽골 사람들	бөхийн спорт 씨름
баяр наадам 명절, 축제	хэрвээ 만약에
төсөөлөхөд бэрх 상상하기 어렵다	байхгүй болох 없어지다
зун цагт 여름에	нүд баясгах 눈을 즐겁게 하다
бөх үзэх 씨름을 관람하다	хорогдох 줄여지다
стадион 경기장	

인표 : 몽골 사람들은 정말 민속 씨름을 좋아하는 것 같아

침게 : 그 말이 맞아. 몽골 명절에 민속씨름 없이 보내기란 상상하기가 어려워

인표 : 아마 그럴 것 같아.

침게 : 여름에는 민속씨름을 보러 많은 사람들이 경기장에 찾아오거든.

인표 : 만약에 몽골 사람들에게 씨름이 없다면 어떻게 될까?

침게 : 그러면 눈을 즐겁게 하는 스포츠 중의 하나가 없어지는 것이겠지.

◎• Тайлбар

Төсөөлөхөд ч бэрх байна : 상상하기도 어렵다

бэрх 용언의 유의어
хэцүү, төвөгтэй, бэрхшээлтэй, хүнд бэрхтэй

Нээрээ л тийм байх даа : 아마 그럴 것 같다

Нүд баясгах : 눈을 즐겁게 하다.

◉• Дүрэм

✎ 동사 시제어미의 사용법

1.과거 시제어미 「-сан⁴」, 「-лаа⁴」, 「-в」
현대몽골어의 과거 시제어미는 -сан⁴ (직접 인식한 과거), -лаа⁴(직접 인식한 가까운 과거),
-в(직접 인식한 먼 과거)로 분류할 수 있다. -сан⁴은 화자 스스로가 직접 목적한 행위를 나타내
는 과거시제어미이며, -лаа⁴는 화자가 직접 목격한 행위를 나타내는 가까운 과거시제어미이다.
한편, 가까운 미래시제로도 쓰인다. -в는 구어에서는 평서문에서 거의 사용하지 않으며 의문문
에만 남아있는 과거시제어미이다.

(1) Бат Туяад шинэ ном ирсэн тухай хэлсэн.
　　바트는 토야에게 새 책이 온 것에 대해서 말을 했었다.

(2) Бат Туяад шинэ ном ирсэн тухай хэллээ.
　　바트는 토야에게 새 책이 온 것에 대해서 말했다.

(3) Бат Туяад шинэ ном ирсэн тухай хэлэв.
　　바트는 토야에게 새 책이 온 것에 대해서 방금 말했다.

[메모] 위의 예문에서 과거시제어미 각각의 형태는 과거시제를 나타냄과 아울러 '완료'라는 상의
의미를 나타냄으로써 여타의 다른 어미들과 달리 '시제–상' 의미로서의 차이를 갖는다. 하지만
다음과 같은 경우는 -сан⁴ 대신에 -лаа⁴와 -в를 대체하여 쓸 수 없다.

(1) 나는 1980년 1월에 태어났다.

　　(О) Би 1980 оны 1 сард төрсөн.

　　(Х) Би 1980 оны 1 сард төрөв.

　　(Х) Би 1980 оны 1 сард төрлөө.

(2) 볼드가 몽골에 갔습니까? – 갔었다.

　　(О) Болд Монгол явсан уу? - Явсан.

　　(Х) Болд Монгол явав уу? - Явав.

　　(Х) Болд Монгол явлаа юу? - Явлаа.

그러나 위의 문장에서 해당어미가 과거시제를 나타냄과 아울러 '직접인식 가까운 과거(근접과
거)'라는 기본의미를 나타내는 경우에는 –лаа를 사용할 수 있다. 예를 들면:
볼드가 방금 몽골로 갔니? –방금 갔어.

　　Болд Монгол явлаа юу? - Явлаа.

Соёл, зан заншил

씨름은 몽골 사람들이 가장 좋아하고 즐기는 스포츠이며, 단순히 힘을 겨루는 경기가 아니라 순발력과 기술을 겨루는 경기라고 할 수 있다.

씨름을 시작할 때는 특별한 규칙이 있다. 태양이 뜨는 동쪽을 앞쪽을 가장 존중의 나타내는 위치로 보는데 동서쪽에서 칭호의 순위대로 자신의 감독과 함께 나와 자리를 차지한다. 칭호를 가진 선수는 자신이 싸우기 원하는 선수를 지명하여 씨름을 겨룰 수 있으며, 이것 역시 칭호의 순위대로 시작하여 호명하여 택하는 풍습이 있다.

씨름 경기는 상대편의 무릎이나 어깨, 팔꿈치를 땅에 닿게 하면 이기는 것으로 하며, 이긴 선수는 3번 날개짓을 하고 쓰러진 선수의 옆에 가서 인사를 하거나 흙을 털어주는 예의를 행한다. 이때 쓰러진 선수는 가슴끈을 풀고 오른 팔을 들어 이긴 선수를 지나가게 함으로써 패배를 인정하며, 승리한 선수는 진 선수와 껴안고 승리를 확인한 후 감독에게 모자를 받아 쓰고 날개짓을 한다. 그리고 경기장 앞쪽 중앙에 세워 놓은 9개의 기가 있는 곳을 독수리, 송골매, 항가리드(전설의 새) 등의 새 모양의 날갯짓을 하며 도는데 이러한 날갯짓은 고대 부족 형성 시 사냥꾼들의 새 춤에서 기원했을 것이라 추정된다.

나담의 종류에 따라 출전 선수의 수가 다른데 국가적인 나담에 규모나 상화에 따라 256명, 512명, 1024명이 출전하고, 지방의 나담에는 32명, 64명, 128명, 256명이 출전하여 경기를 치른다. 토너먼트의 5,6 회전 진출자에게는 начин(매), 7,8회전 진출자에게는 заан(코끼리), 9회전 결승전 진출자에게는 арьслан(사자) 등의 칭호와 애칭을 수여한다. 국가 나담에서 두번 우승을 한 선수에게는 аврага(챔피언), 세번 승리하면 даян аврага, 네번 승리하면 дархан аврага 등의 칭호를 붙여 주며, 우승의 횟수가 거듭될 수록 또 다른 수식어를 붙여 챔피언의 명예를 높인다.

자연사 박물관에서
Байгалийн музейд

인표는 울란바타르 도심에 위치한 자연사 박물관을 구경한다.

Хөтөч : Манай Байгалийн музей гадны жуулчдад их таалагддаг.

Ин Пё : Харин тийм байна. Энэ гүрвэлийн чулуужсан өндөг, гүрвэлийн яс зэргээс харахад Палентлогийн үзвэрүүд олон байдаг юм шиг санагдлаа.

Хөтөч : Та их зөв ажиглажээ. Нэмж сонирхуулахад манай орны бахархал болсон хамгийн содон үзвэр ганцхан энд л байдаг.

Ин Пё : Тэр харин сайхан мэдээ байна, хурдан очиж үзье.

Хөтөч : Тэгвэл та энэ хаалгаар ороод хар даа. Та гайхсандаа дуу алдах байх шүү!

Ин Пё : Хөөх, ямар том гүрвэлийн яс вэ?
Динозоварыг киноноос л үзэж байсан болохоос биш ийм аварга том амьтан гэж бодсонгүй, лут харагдаж байна шүү

●• Шинэ үг

гадны жуулчдад 외국 관광객	чулуужсан өндөг 화석 공룡알
гүрвэл 공룡	гүрвэлийн яс 공룡뼈
палентлогийн 고고학	гайхах 놀라다
үзвэр 전시물	дуу алдах 감탄하다
их зөв ажиглах 정확히 보다	ямар том 엄청 크다
бахархал болох 자랑이 되다	кино 영화
хамгийн содон 가장 특이한	аварга амьтан 거대한 동물
ганцхан 오로지, 오직	лут харагдах 대단해 보이다, 엄청나다
сайхан мэдээ 좋은 소식	

가이드 : 우리 자연사 박물관은 외국 관광객들이 가장 즐겨찾는 곳입니다.

인　표 : 그렇겠네요. 여기에 화석 공룡알 및 공룡뼈 등 고고학 전시물들이 많이 진열되어 있는 것 같아요.

가이드 : 정확히 보셨네요. 더욱 흥미로운 것은 우리나라의 가장 특이한 전시물이 오직 여기에만 있어요.

인　표 : 그것 아주 좋은 뉴스네요, 빨리 가서 구경할게요.

가이드 : 그러면 이쪽 문으로 들어가 구경하세요. 너무 놀라서 감탄할 거예요!

인　표 : 와아, 정말 대형 공룡화석이네요?

　　　　공룡은 영화에서만 봤는데 이렇게 거대한 동물이었을 거라고는 생각 못했어요.

　　　　정말 대단해 보인다!

⊙• Тайлбар

✓ **Их зөв ажиглажээ** : 정확히 보셨습니다

동사 과거시제어미 -жээ/-чээ(간접인식과거)
화자가 해당 행위를 직접 보지 않았거나 참관하지 않아서 간접인식한 경우(주어가 2,3인칭의 경우) 또는 참관하였더라도 뒤늦게 새삼 간접인식하는 경우(주어가 1인칭의 경우) 등을 나타낸다.

　　Алимаа өчигдөр төржээ 알리마가 어제 태어났다

✓ **Сайхан мэдээ байна** : 좋은 소식(뉴스)이네요

✓ **Лут харагдаж байна** : 대단해 보인다

◉ Дүрэм

✎ 「... гэж ярих, ... гэж хэлэх」과 인용동사 「гэх」의 표현법

동사 ярих과 хэлэх는 한국어로 둘 다 '말하다'로 옮길 수 있지만 어떤 경우에 둘 다 사용할 수 없거나 의미가 달라지는 경우가 꽤 많다. 예를 들면:

(1) 나는 오늘 학생들 앞에서 축사를 했다.

    (O) Би өнөөдөр оюутнуудын өмнө үг хэллээ.

    (X) Би өнөөдөр оюутнуудын өмнө үг ярьлаа.

(2) 볼드가 나와 같이 간다고 말했니?

    (O) Болд намайг хамт явна гэж хэлсэн үү?

    (X) Болд намайг хамт явна гэж ярьсан уу?

(3) 할아버지가 옛날 이야기를 들려주고 있다.

    (O) Өвөө үлгэр ярьж байна.

    (X) Өвөө үлгэр хэлж байна.

(4) 나는 오늘 수업에 준비해 간 숙제를 발표했다.

    (O) Би өнөөдрийн хичээл дээр гэрийн даалгавраа ярьсан.

    (X) Би өнөөдрийн хичээл дээр гэрийн даалгавраа хэлсэн.

[메모] 일반적으로 хэлэх는 간단한 이야기나 짧은 text를 말할 경우 주로 쓴다. 반면 Ярих는 상황이 지속적인 것이나 시간이 좀 더 오래 걸릴 경우에 많이 사용한다. 특히 제 삼자에게 어떤 말을 전해 주고자 할 때는 주로 хэлэх를 사용하고, 어떤 사람의 장시간 지속되는 화제나 상황을 제 삼자에게 전해 줄 경우는 ярих를 주로 사용한다. 예를 들면:

(1) a. Батаа, Туяа өнөөдөр хамт хоол идье гэж хэлсэн шүү.
    바트야! 토야가 오늘 같이 식사 하자고 한다.

   b. Туяа өнөөдөр бидэнд солонгос хоолны тухай ярьж өгсөн.
    토야가 오늘 우리에게 한국 음식에 대해서 이야기 해 주었다.

(2) a. Багш маргааш шалгалттай гэж хэлэв.
    교수님이 내일 시험 본다고 하셨다.

   b. Багш маргаашийн шалгалтын тухай ярив.
    교수님이 내일 시험에 대해 말(설명) 해 주었다.

그러나 일반적으로 둘 이상의 사람이 모여 대화를 나누는 것은 어느 정도 오랜 시간을 요하기 때문에 이때에는 항상 ярих를 사용한다.

(1) Бат, Туяа хоёр ярилцаж байна.
    바트와 토야가 이야기를 하고 있다.

(2) Тэд цаг агаарын тухай ярьж байна.
    그들은 날씨에 대해서 이야기하고 있다.

Соёл, зан заншил

몽골 자연사박물관

몽골 자연사박물관(구 국립중앙박물관)에서는 고대 식물과 공룡화석, 각종 동물, 즉 무척추 동물에서 부터 공룡의 뼈대, 고대 포유동물의 잔해 등과 같은 자연의 발달사 동안에 있었던 독특한 전시품들 이 모두 있다. 몽골 영토에서 발견된 육식과 초식의 공룡화석은 종류가 다양하며, 육식 공룡이 세계 에서 최초로 발견된 것이다. 같은 시기의 것으로 알려진 일곱 개의 공룡 중에서 다섯개가 몽골에서 발견도었다. 특히 다양한 형태와 크기의 공룡 산란과 화석은 관광객들의 시선을 끌고 잇다. 그 외에 도 고대 코뿔소의 뼈대, 매머드, 들소, 말의 잔해, 고대 거북이, 코뿔소의 발자국, 나무 화석 등 고고 학적 독특한 전시물이 진열되어 있다.

ХИЧЭЭЛ 7

인표는 침게와 날씨 이야기를 한다.

21 오늘은 날씨가 어때요?
22 울란바타르시는 가을에 일찍 추위가 찾아와
23 어디가 아프시죠?

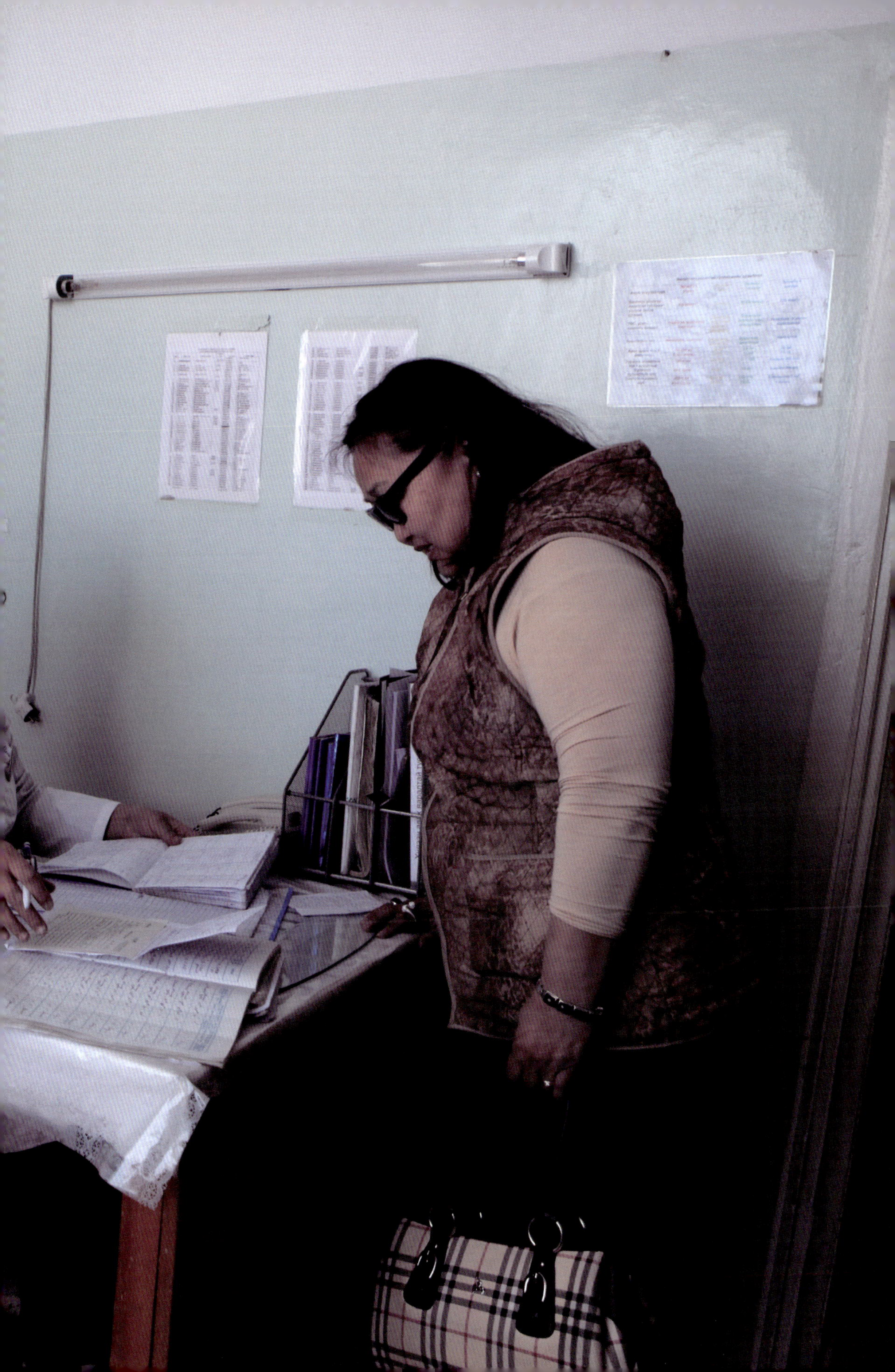

오늘은 날씨가 어때요?
Өнөөдөр тэнгэр ямар байна?

인표는 지역 여행 떠나기 전에 침게와 몽골 날씨에 대해 이야기를 나눈다.

Ин Пё : Өнөөдөр тэнгэр ямар байна?

Чимгээ : Тэнгэр сайхан байна. Монголд жилийн ихэнхи өдөр тэнгэр цэлмэг байдаг юм.

Ин Пё : Чи цаг уурын мэдээ сонссон уу? Маргааш ямар байна гэсэн бэ?

Чимгээ : Маргааш тэнгэр муухайрч бороо орно гэсэн.

Ин Пё : Тэгвэл бүрхэг өдөр болох нь ээ, тэнгэр хэзээ цэлмэх бол?

Чимгээ : Маргааш орой гэхэд бороо зогсож тэнгэр цэлмэчих байх аа.

● Шинэ үг

өнөөдөр 오늘	тэнгэр 하늘
маргааш 내일	жилийн 연간, 연중
цэлмэг 맑은 날씨	цаг уурын мэдээ 일기예보
тэнгэр муухайрах 기상이 나빠지다	бүрхэг өдөр 흐린 날씨
тэнгэр цэлмэх 하늘이 맑아지다	хэзээ 언제
бороо орох 비 오다	сонсох 듣다
бороо зогсох 비 그치다	орой 저녁

인표 : 오늘은 날씨가 어때?

침게 : 날씨가 너무 맑고 좋다!

　　　　몽골 날씨는 대부분이 맑지.

인표 : 일기예보를 혹시 들었니? 내일 날씨가 어떻대?

침게 : 내일은 흐린 가운데 비가 온다고 그랬어.

인표 : 그러면 궂은 날씨가 되겠군, 날씨가 언제쯤 갤까?

침게 : 내일 저녁쯤에는 비가 그쳐서 날씨가 갤 것 같아

Тайлбар

Өнөөдөр тэнгэр ямар байна? : 오늘은 날씨가 어때요?

시간의 표현

그저께 уржигдар 어제 өчигдөр

오늘 өнөөдөр 내일 маргааш 모레 нөгөөдөр 글피 нөгөөдрийн цаатлийн өдөр

Цаг уурын мэдээ сонссон уу? : 일기예보 들었어요?

Тэнгэр хэзээ цэлмэх бол? : 하늘이 언제 갤까요?

◉• Дүрэм

✎ 유의동사의 사용법

1.『харах』·『үзэх』
(1) 지금 영화를 보고 싶어도 돈이 없어 볼 수 없다.

  (O) Одоо кино үзмээр байгаа ч гэсэн мөнгөгүй учир (кино) үзэж чадахгүй.

  (X) Одоо кино хармаар байгаа ч гэсэн мөнгөгүй учир (кино) харж чадахгүй.

(2) 나는 어제 친구들과 같이 씨름 경기를 봤다.

  (O) Би өчигдөр найзуудтайгаа хамт бөхийн тэмцээн үзсэн.

  (X) Би өчигдөр найзуудтайгаа хамт бөхийн тэмцээн харсан.

[메모] 여기서 「үзэх」란 동사는 발화자가 어떤 대상이나 사물에 대해 의식적으로 구체적인 목적을 가지고 '보다'란 뜻을 지니는 반면 「харах」는 단순히 사물을 '응시하다'라는 뜻이므로 「харах」를 써서는 안 된다. 몽골어 유의동사 「харах」와 「үзэх」는 문맥에 따라 여러 의미로 쓰일 수 있으므로 그 선택에 유의해야 한다.

한편 다음 경우에서 「харах」는 잠시 무의적으로 보기만 하는 뜻으로 사용하게 되고, 「үзэх」는 '의식적으로 본다'는 의미를 갖고 있으니 사용할 수 없다.

(3) 나는 그 사람을 봤다.

  (O) Би тэр хүнийг харсан.

  (X) Би тэр хүнийг үзсэн.

(4) 그 사람이 여자를 계속 보면서 앉아 있다.

  (O) Тэр хүн эмэгтэйн өөдөөс гөлрөн харсаар сууна.

  (X) Тэр хүн эмэгтэйн өөдөөс гөлрөн үзсээр сууна.

한편 다음 예문들에서는 둘 다 허용되는 경우들로서 의미가 어떻게 변화하는지 살펴보고자 한다.

(5) a. Би их дэлгүүрт тэр гутлыг харсан.
    나는 백화점에서 그 구두를 봤다.

  b. Би их дэлгүүрт тэр гутлыг үзсэн.
    나는 백화점에서 그 신발을(사기 위해) 신어 봤다.

(6) a. Цолмон миний сонинг хараад өгье гэсэн.
    촐몬이 내 신문을 보고 준다 했어요.

  b. Цолмон миний сонинг үзээд өгье гэсэн.
    촐몬이 내 신문을 읽고 준다 했어요.

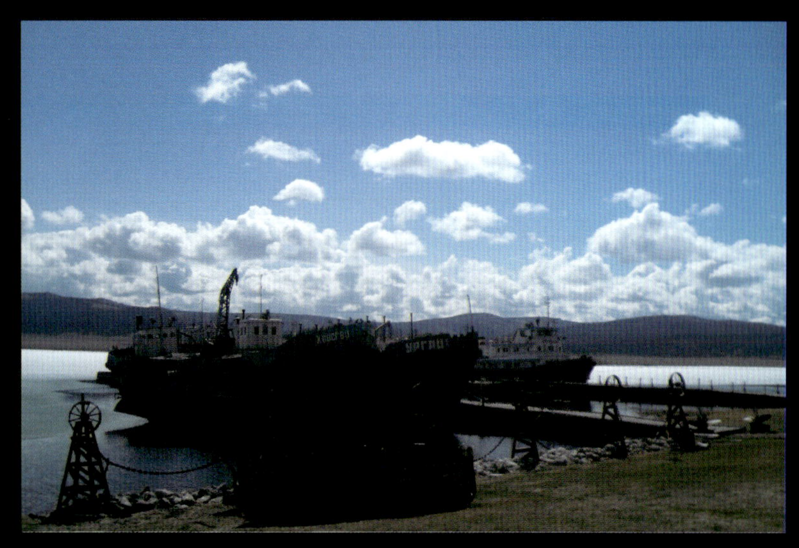

Соёл, зан заншил

몽골인의 물신신앙

사계절 동안 하늘의 기후에 맞춰 유목을 해온 몽골인들에게 하늘은 신과 같은 존재이며, 몽골어로 하늘을 표현하는'텡게르'는 곧 신을 뜻한다. 즉, 하늘은 모든 것을 운먼 짓는 전능한 힘을 지닌 영원한 상계의 아버지이다. 이것 역시 하늘 그 자체를 신성시 했던 물신신앙의 하나임을 보여 준다.

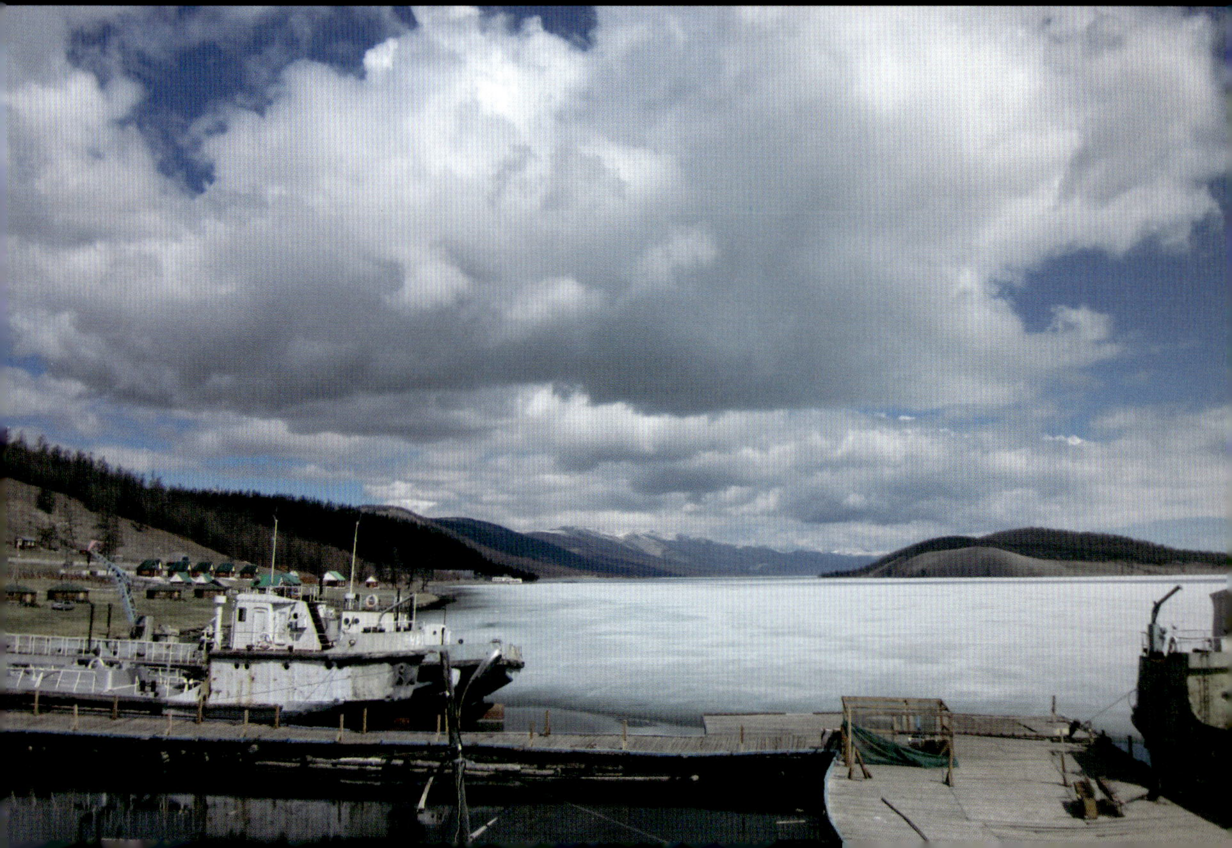

울란바타르시는 가을에 일찍 추위가 찾아와.
Улаанбаатар хот намар эрт хүйтрэх нь энгийн үзэгдэл.

인표와 침게의 날씨에 대한 대화가 자연스럽게 계절에 관한 대화로 넘어간다.

Ин Пё : Улаанбаатар хот өвөлдөө их хүйтэн үү?

Чимгээ : Тиймээ, заавал өвөл гэхгүй намар эрт хүйтрэх нь энгийн үзэгдэл

Ин Пё : Тэгвэл манай Сөүл хот цас их ордог ч Улаанбаатараас дулаахан байх нээ.

Чимгээ : Манайд цас орох нь ховор боловч өндөрлөг газар болохоор илүү хүйтэн байдаг.

Танай Солонгост хамгийн сайхан улирал нь хэзээ вэ?

Ин Пё : Миний хувьд хамгийн сайхан улирал бол намар.

Намар болохоор модны навчис алаглан хувирч өөрийн өнгө үзэмжээ гайхуулдаг.

Чимгээ : Нээрээ тийм, би ч бас тэр үеэр Солонгост байж үзсэн юм байна.

◉• Шинэ үг

өвөл 겨울	энгийн үзэгдэл 일반적 현상
намар 가을	цас орох 눈 내리다
хүйтэн 춥다	салхи үлээх 바람 불다
дулаахан 따뜻하다	хүйтэн салхи 찬 바람
эрт хүйтрэх 일찍 추워지다	өндөрлөг газар 높은 지대
улирал 계절	их удаан 아주 오래
модны навч 낙엽	үргэлжлэх 지속되다
алаглах 울긋불긋	нээрээ тийм 아, 맞다(정말 그렇다)
хувирах 변하다	

인표 : 울란바타르시는 겨울에 많이 춥지?

침게 : 그래. 꼭 겨울에만 추운 것이 아니고 가을에 일찍 추위가 찾아와.

인표 : 그러면 서울에 눈이 많이 내려도 울란바트르보다 따뜻하겠네.

침게 : 몽골은 눈 내리는 것이 드물지만 지리적으로 고원 지대라서 더 추워.
   한국은 어느 계절이 제일 아름다워?

인표 : 내게 가장 멋진 계절은 가을이야. 가을이 오면 낙엽들이 알록달록 변해서 장관을 이루거든.

침게 : 정말 그렇겠다. 나도 그맘 때 한국에 있어 본 적이 있어.

◉• Тайлбар

✓ Намар эрт хүйтрэх нь энгийн үзэгдэл : 가을에 일찍 추위가 찾아온다.

시간의 표현

재작년 уржинан жил   작년 ноднин жил   금년 энэ жил

내년 ирэх жил   내후년 ирэх жилийн дараах жил

봄 хавар   여름 зун   가을 намар   겨울 өвөл

✓ Манай оронд цас орох нь ховор : 우리 나라는 눈이 오는 것이 드물다.

✓ Хамгийн сайхан улирал хэзээ вэ? : 가장 아름다운 계절은 언제입니까?

◉• Дүрэм

✎ 유의동사의 사용법

3. 「явах」·「очих」·「хүрэх」

「явах」(가다), 「очих」(도착하고 있다, 거의 도착하다), 「хүрэх」(도착하다) 등은 서로 다른 의미를 갖고 있고 문장에서도 서로 다른 뜻을 나타내고 있지만 학습자들은 덮어놓고 「явах」만을 쓰는 경향이 있는데 이는 우리말로 '간다'고 하면 우선 「явах」라는 동사를생각하는 데에서 적지 않은 실수를 하게 되기 때문이다. 그러면 위 동사들이 문장에서 어떤 의미상의 차이를 갖는지 살펴볼까 한다

(10) Би одоо танай танайх руу явж байна.
나는 지금 당신 집으로 가고 있어요.

(11) Би одоо танай танайх руу очиж байна.
나는 지금 당신 집에 거의 다 왔어요.

(12) Би одоо танай танайх руу хүрч байна.
나는 지금 너의 집에 도착했어요.

또한 외국인 학습자들이 몽골어로 이야기할 때 다음과 같은 오류가 종종 나타난다.

(13) Та хэзээ сургууль руу ирэх вэ?
선생님, 학교로 언제 오실 겁니까?

(X) Би үдээс хойш явна.
나는 오후에 갈 겁니다.

(O) Би үдээс хойш очно.
나는 오후에 갈 겁니다.

(14) Улаанбаатарт хэдэн цагийн дараа хүрэх вэ?
올란바타르에 몇 시 후에 도착할 예정입니까?

(X) Улаанбаатарт 1 цагийн дараа явна.
올란바타르로 1시간 후에 출발할 예정입니다.

(O) Улаанбаатарт 1 цагийн дараа очно.
올란바타르에 1시간 후에 도착할 예정입니다.

Соёл, зан заншил

몽골 기후와 사계절

몽골의 기후는 일반적으로 겨울이 길며, 대기가 아주 건조해서 강우량이 적다. 그리고 기온의 일교차와 연교차가 크며 계절의 변화가 아주 급격히 진행된다는 특징을 지니고 있다.

봄은 3월부터 봄 바람이 불면서 시작되며, 일년 중 가장 건조한 계절이다. 봄 바람의 전형적인 특징은 북풍과 서풍이라 할 수 있다. 특히 4~5월에 부는 봄바람의 위력은 대단하며 풍속은 매초 평균 2~5m정도이다. 4월은 실질적으로 봄의 첫달이다. 3~5월 사이 복부는 아직도 춥지만 고비지방은 온화한 날이 많다.

여름은 6월부터 8월까지 비교적 매우 짧지만 일년 중 가장 온화한 계절이다. 7월은 가장 무더운 달이며, 울란바타르시 평균기온은 17~18도 사이이다. 최고온도가 남쪽지역 고 비에서 40도까지 올라간다.

몽골의 복부지방은 7월이나 8월에도 서리가 내리는 일이 흔하다. 특히 테스河 유역은 7월에 서리가 내리는 것으로 유명하다.

가을은 9월부터 시작되며 아주 짧다. 9월부터 낮이 점차 짧아지고 밤에는 한기를 느낄 정도로 싸늘해진다. 10월이 되면 산지에 내리는 눈은 녹지 않고 점점 쌓여가기 시작한다.

겨울은 11월부터 시작되며, 특징은 하늘에 구름이 거의 없고 아주 맑다는 것과 매우 건조하다는 것에 있다. 그리고 몽골의 겨울은 바람이 약하고 매우 청량하며 한번 내린 눈은 녹지 않는다. 몽골의 긴 겨울은 실질적으로 이듬해 4월까지 지속된다고 보는 편이 타당하다.

어디가 아프시죠?
Та яагаа вэ, хаана чинь өвдөж байна?

23
-р хичээл

일교차로 약간 몸살 기운이 있었던 인표가 감기가 걸려 병원을 찾아간다.

Ин Пё : Сайн байна уу, эмч ээ!

Эмч : Та яагаа вэ, хаана чинь өвдөж байна?

Ин Пё : Миний толгой өвдөөд бага зэрэг халуураад байна.

Эмч : Яг хэзээнээс тэгсэн бэ? Их өвдөж байна уу?

Ин Пё : Нэг хонож байна. Толгой л их өвдөж байна

Эмч : За алив таныг үзье дээ...
     Та ханиад хүрчихсэн байна. Би танд жор бичиж өгье.

Ин Пё : Эмч ээ, би тэгвэл аялалаа үргэлжлүүлж болох уу?

Эмч : Болно оо, харин та энэ эмийг зааврын дагуу 3 хоног уугаарай.

Ин Пё : Танд баярлалаа, эмч ээ!

Шинэ үг

өвдөх 아프다	гурав хоног 삼일 동안
толгой өвдөх 머리 아프다	ханиад хүрэх 감기 걸리다
халуурах 열 나다	жор бичих 처방전을 쓰다
хэзээнээс 언제부터	эм 약
эм уух 복용하다	Эмчийн үзлэг хийх 진료하다
заавар 안내 사항	

인표 : 안녕하세요? 의사 선생님!

의사 : 어디가 아프시죠?

인표 : 머리가 아프고 약간 열이 있어요.

의사 : 정확히 언제부터 그랬나요? 많이 아픕니까?

인표 : 하루 됐습니다. 특히 머리가 많이 아파요.

의사 : 어디 한번 볼까요.

　　　　감기 걸리셨군요. 처방전 드릴게요.

인표 : 의사 선생님, 제가 여행을 계속할 수 있을까요?

의사 : 괜찮습니다. 하지만 이 약을 설명서 대로 3일간 복용하세요

인표 : 네, 선생님! 감사합니다.

Тайлбар

Та яагаа вэ, хаана чинь өвдөж байна? : 어디가 아프세요?

Яг хэзээнээс тэгсэн бэ? : 언제부터 그랬어요?

시간의 표현

지난주 өнгөрсөн долдоо хоног 이번주 энэ долоо хоног
다음주 ирэх / дараагийн долоо хоног

요일
даваа гариг/ нэгдэх өдөр 월요일
мягмар гариг / хоёрдох өдөр 화요일
лхагва гариг / гуравдахь өдөр 수요일
пүрэв гариг / дөрөвдөх өдөр 목요일
баасан гариг / тавдахь өдөр 금요일
бямба гариг / хагас сайн өдөр 토요일
ням гариг / бүтэн сайн өдөр 일요일

⦿ Дүрэм

✎ 부동사 연결어미의 사용법

1. 대등연결어미 「-ч/-ж, -н」
동사어간에 대등연결어미 -ч/-ж, -н을 연결하여 시간의 앞뒤 순서 또는 행동이나 사실이 동시에 일어남을 가리킬 때 사용한다. -ж는 어간이 모음이나 в, г, р, с 이외의 자음으로 끝나는 단어 뒤에 접속한다. -ч는 어간이 자음 в, г, р, с로 끝나는 단어 뒤에 접속한다.

(1) Би хоол хийж дүү гэрээ цэвэрлэв.
   내가 밥을 하고 동생이 청소했다.

(2) Би англи хэл сурч бас хөгжмийн дугуйланд явдаг.
   나는 영어를 배우고 또한 음악 학원에 다니고 있다.

[메모] 병렬연결어미 -ч/-ж는 대등복합문에서 자연스럽게 동사와 동사를 연결하며 한국어의 '고'에 대응된다. 하지만 공동연결어미 -н은 대등복합문에서는 거의 쓰지 않고 주로 보조동사와 본동사를 연결할 때 많이 쓴다.

(1) Би Туяаг иртэл ном уншин сууж байлаа.
   나는 토야가 올 때까지 책을 읽고 있었다.

[메모] 한 문장에서 -ч/-ж를 여러 번 반복해서 취하지 않고 대부분의 경우에 연속하여 나타나는 동사들 중 첫 번째 동사에 -н을 붙인다.

(1) Өнөөдрөөс шалгалт дуусан амарч байна.
   오늘부터 시험이 끝나 쉬고 있다.

(2) Туяа үүд тогшин орж ирж байна.
   토야가 문을 노크하고 들어오고 있다.

2. 선행연결어미 「-аад⁴」
동사어간에 선행연결어미 -аад⁴를 연결하면 하나의 동작이 끝나고 그 뒤에 또 다른 동작이 일어남을 나타낸다.

(1) Хичээл эхлээд 10 минут болж байна.
   수업 시작한지 10분 되었다.

3. 부정연결어미「-лгүй」
동사 어간에 부정연결어미 -лгүй를 붙여서 부정의 의미를 나타낸다. 한국어의 '–지 않고', '–지 말고'에 대응된다.

(1) Чи явалгүй намайг хүлээж байгаарай.
   넌 가지 말고 나를 기다리고 있어.

Соёл, зан заншил

몽골인의 식생활과 체질

몽골은 4계절의 대부분이 추운 한랭기후이다. 이러한 기후조건 때문에 우리 유목민들은 장기간의 추운 겨울을 잘 견디기 위해 비계 및 기름기와 칼로리 많은 음식을 섭취해야만 된다.

하지만 신기한 것은 유목민들이 그렇게 음식을 먹는다고 해서 유럽인들처럼 몸이 비대해지는 그런 현상은 없으며 비교적 질병도 잘 안 걸리는 편이다. 그 이유는 몽골인들의 주식이 되는 육류의 섭취가, 어떤 비료나 사료를 주어서 키우는 방식이 아닌 자연에서 방목하고 풀을 먹는 환경에 기인하는 것으로 볼 수 있다.

ХИЧЭЭЛ 8

인표는 침게와 지역여행에 대해 이야기를 나눈다.

24 관광객들이 가장 많이 찾는 명소 3곳
25 여행 일정
26 여행사에서

관광객들이 가장 많이 찾는 명소 3곳
Жуулчид их очдог гурван газар

24
-р хичээл

지역 여행을 준비하는 인표에게 침게가 관광지 안내책자를 선물한다.

Чимгээ : Чамд энэ номыг бэлэглэх гэсэн юм.

Ин Пё : Энэ юун тухай ном бэ?

Чимгээ : Манай орны тухай жуулчны лавлах ном юмаа.

Ин Пё : Өө тийм үү?

Чимгээ : Энэ номонд жуулчид их очдог гурван газрын тухай бичсэн байна
лээ.

Ин Пё : Өө тэгвэл надад бүр ч хэрэгтэй ном байна.

◉• Шинэ үг

чамд 너한테(네게)

ном 책

бэлэглэх 선물하다

юун тухай 내용

манай орон 우리 나라

жуулчдын лавлах ном 여행 안내책자

их очих 많이 가다(많이 찾다)

гурван газар 3개의 명소

бүр ч хэрэгтэй 더 필요하다

аялалаа үргэлжлүүлэх 여행을 계속하다

침게 : 네게 이 책을 선물하고 싶어

인표 : 무슨 책이지?

침게 : 우리 나라 여행 안내책자야.

인표 : 아, 그래?

침게 : 이 책에 관광객들이 많이 찾는 3개의 명소에 대해 소개되어 있어.

인표 : 아 그러면 내게 아주 필요한 책이네.

◉• Тайлбар

Жуулчид их очдог гурван газар бол ... : 관광객들이 주로 찾는 3개의 명소는

Надад бүр ч их хэрэгтэй .... юм байна : 나에게 아주 필요한 .....이다.

시간의 표현

지난 달 өнгөрсөн сар   이번 달 энэ сар   다음달 дараа сар

○• Дүрэм

✎ 부동사 연결어미의 사용법

4. 양보연결어미 「-вч」

동사의 어간에 양보연결어미 -вч를 연결하여 앞의 동작이나 행위에 대해 다음의 동작이나 행위가 상반되거나 일정한 결과가 일어나지 못함을 나타낸다. 한국어의 '-아/어도', '-더라도', '(으)ㄹ지라'도', '-지만'에 대응된다.

(1) Би ном унших дуртай боловч номын сан руу цөөхөн явдаг.
내가 책을 읽는 것은 좋아하지만 도서관으로 자주 가지는 못한다.

(2) Туяа мундаг оюутан байсан боловч шалгалтандаа уначихсан.
토야가 대단한 학생이었지만 시험에는 떨어졌다.

[메모] 몽골어의 양보연결어미 –вч는 문장에서 강조첨사(Туслах үг) 'ч'와 바꿔 써도 동일한 의미를 나타낸다.

(1) Би хичээлээ хийсэн боловч сайн ойлгосонгүй.
Би хичээлээ хийсэн ч сайн ойлгосонгүй.
나는 공부를 했지만 이해를 하지 못 했다.

(2) Туяа сургуульдаа очсон боловч хэн ч байсангүй.
Туяа сургуульдаа очсон ч хэн ч байсангүй.
토야가 학교에 갔지만 아무도 없었다.

5. 지속연결어미 「-саар」

동사어간에 지속연결어미 「-саар」를 접속하여 어떤 동작이나 행위가 계속됨을 나타낸다.

(1) Багш хичээлээ заасаар байна.
교수님이 강의를 계속 하고 계신다.

(2) Туяа хичээлээ хийсээр Бат зураг үзсээр байлаа.
토야는 공부를 계속 하고 있고, 바트는 TV를 계속 보고 있었다.

(3) Би гэртээ явсаар очлоо.
난 집으로 계속 걸어가서 도착했다.

(4) Энэ ажлыг хийсээр хийсээр дадна.
이 일을 하고 또 하고 계속 하면 적응된다.

6. 조건연결어미「-баас⁴/-ваас⁴, -бал⁴/-вал⁴」

조건연결어미 -баас⁴/-ваас⁴, -бал⁴/-вал⁴는 한국어의 '-(으)면', '-(으)ㄴ다면', '-거든'에 대응된다. -баас⁴/-ваас⁴는 문어에서 나타나며 문서, 추천서 등에 주로 많이 쓰인다.

(1) Асуудал гарвал над руу яриарай.
문제가 생기면 저한테 연락하십시오.

Соёл, зан заншил

여행객이 많이 찾는 명소 3곳

몽골 자연환경관광부 및 몽골 관광협호에서'몽골 최고의 9대 명소'를 해마다 공동으로 선정하고 있다. 9대 명소는 특이한 지형으로 구성된 아름다운 자연과 지적 아이디어 창출로 조성된 조형물로 선정되었다.

몽골의 9대 명소는 ①몽골 고비(바양자그, 울란제렉, 헝거르걸, 헤르멘 차브) ②북쪽 푸른 동굴(허브드道 망한郡) ③어르헝 골짜기의 역사 유적지(후슈트 차이담, 하르 발가스, 콜테그 비석), ④'너용 산'의 흉노 무덤(투브道 바트숨베르郡), ⑤에르덴주 사원(어브르항가이道 하르허링郡), ⑥홉스골 호수(홉스골道). ⑦'청징 벌덕'칭기스칸 대형 동상(투브道 에르덴郡), ⑧옵스 호수(옵스道 이흐 누르딩 허트거르), ⑨보르항할둥산 및 칭기스칸 관련 유적지(헹티道) 등이 선정되었다.

이 중에서 필수 코스로 주로 찾는 3대 명소 중 첫번째 명소는 고비사막 즉 엄느고비道 엘셍타사르흐 관광지, 두번째 명소는 항가이산맥지대에 속하는 어버르항가이道에 있는 몽골 옛수도 하르호룸, 세번째 명소는 헨티 산맥 지대에 속하는 울란바타르시에서 가장 가까운 테렐지 국립공원이다.

여행 일정
Аялалын төлөвлөгөө

25
-р хичээл

인표의 성공적인 지역 여행을 위해 침게가 그의 여행계획을 궁금해 한다.

Ин Пё : Би маргаашнаас орон нутгийн аялалаа эхлэнэ.

Чимгээ : Тийм үү, аялалын төлөвлөгөөг чинь сонирхож болох уу?

Ин Пё : Би эхлээд Өвөрхангай , дараа нь тэндээсээХөвсгөл явах санаатай.

Чимгээ : Тэгвэл эхлээд дэлхийд нэртэй Хархорум хотын балгас, Эрдэнэ зуугийн хийд дараа нь дэлхийн хамгийн гүн нуур Хөвсгөл рүү очиж үзэх нээ.

Ин Пё : Яг тийм, дараа нь Өмнөговь, тэндээсээ Улаанбаатарт буцан ирж Тэрэлж рүү явна даа.

Чимгээ : Чиний аялал ч үзэх юм ихтэй, сонирхолтой зохиогдсон байна.

◑• Шинэ үг

орон нутгийн аялал 국내 여행	гүн нуур 깊은 호수
аялалын төлөвлөгөө 여행 계획	буцаж ирэх 돌아오다
дэлхийд нэртэй 세계적 명소	үзэх юм 볼 것, 볼거리
эртний хотын балгас 옛수도의 유적	сонирхолтой 재미 있게
хийд 사찰, 사원	зохиогдох 계획되다

인표 : 나는 내일부터 지역 여행을 떠나려고 해.

침게 : 어, 그래? 그럼 여행 계획을 물어봐도 되니?

인표 : 먼저 어버르항가이도(道), 그리고 그곳에서 홉스골 도로 가려고 해.

침게 : 그럼 먼저 세계적 명소인 '하르호름' 고도와 '에르덴 조' 사원, 그리고 다음으로 세계에서 가장 깊은 홉스골 호수를 보겠구나!

인표 : 맞아!. 그 다음에는 어믄(남)고비 사막을 구경한 후에 울란바타르시로 돌아와서 '테렐지'로 갈 거야.

침게 : 볼 거리가 많은 여행이 되겠구나. 즐거운 일정이 되겠어.

◎• Тайлбар

✍ **Аялалын төлөвлөгөөг чинь сонирхож болох уу?** : 여행계획을 물어봐도 되니?

✍ **Чиний аялал үзэх юм ихтэй сайн зохиогдсон байна** : 당신의 여행은 볼 것이 참 많은 즐거운 일정으로 짜여졌다.

✍ 시간의 표현

아침 өглөө   점심 өдөр   저녁 орой   밤 шөнө   새벽 үүр

◉• Дүрэм

✐ 부동사 연결어미의 사용법

7. 즉시연결언미 「-магц」와 순차연결어미 「-нгуут」

동사어간에 「-магц」과 「-нгуут」를 접속하여 어떤 동작이나 행위가 일어남과 동시에 바로 다음 동작이나 행위가 순차적으로 발생함을 나타낸다.

(1) 아버지가 신문을 읽자 마자 바로 밖으로 나가셨다.

   (≒) Аав сонин уншиж дуусмагцаа гадагшаа гарсан.

   (≒) Аав сонин уншиж дуусангуутаа гадагшаа гарсан.

(2) 수업이 끝나자 마자 도서관으로 갈 것이다.

   (≒) Хичээл дуусмагц номын сан руу явна.

   (≒) Хичээл дуусангуут номын сан руу явна.

8. 기회연결어미 「-нгаа」

동사어간에 기회연결어미 「-нгаа」를 연결하여 해당어미를 갖는 선행동사의 동작이 행해지는 기회에 후행동사의 동작도 함께 발생함을 가리킨다. 한국어의 '-(으)면서', '-는 김에'에 대응된다.

(1) Би хичээлээ хийнгээ хөгжим сонсож байна.

   나는 공부하면서 음악을 듣고 있다.

(2) Аав хоолоо идэнгээ сонин уншиж байна.

   아버지는 아침을 드시면서 신문을 읽고 있다.

9. 한계연결어미 「-тал」

한계연결어미 「-тал」은 어떤 일이나 행동을 하려고 할 때 생각지 않은 다른 뜻밖의 일이 생길 경우 주로 사용된다.

(1) Сургууль руу очтол олон хүн цугларсан байв.

   학교로 갔더니 사람들이 많이 모여 있었다.

(2) Орой хамт хоол идье гэтэл ажил гарчлаа.

   저녁 같이 먹자고 했더니 일이 생겼네.

[메모] 또한 「-тал」은 '-ㄹ 때까지' 또는 '-까지'의 뜻을 나타내는 의미를 갖기도 한다.

(3) Танай гэр хүртэл хэр удах вэ?

   너희 집까지 얼마나 걸리니?

(4) Нутагтаа очтол 1 сар дутуу байна.

   고향에 갈 때까지 약 한 달 남았네.

Соёл, ёс заншил

고려양 중세 고려와 몽골의 식문화 연구에 있어 중요한 것은 이 시기에 고려가 몽골족의 지배에 들어감으로써 양국의 식문화에 적지 않은 변화가 일어났다는 점이다. 특히 중세원제국 시기의 획기적인 사건은 고려의 음식 문화가 몽골 전역에 광범위하게 퍼져나간 '고려양(고려 상추. 쌈밥. 조청. 빈대떡. 쌀떡. 떡쌀. 만두 등)'이다. '고려양' 중 현재 몽골에 남아 있는 음식은 빈대떡 등 고작 2–3 가지에 불과하다. 이는 몽골인들의 음식문화가 후퇴한 것이 아니라. 오히려 천하를 호령했던 중세 몽골제국의 갖가지 외부 음식문화들 중 자신의 문화를 숙지하고 외부의 문화를 잘 이해함으로써 그들 문화의 정체성을 잘 확립하였음을 보여주는 일례이다. 공녀로 끌려가 황후가 된 기씨 여인을 비롯해 수많은 고려여인이 원나라로 건너가 고려촌을 형성했던 고려의 문화는 "고려양高麗樣"이란 이름으로 초원의 곳곳으로 퍼져나갔던 것이다.

여행사에서
Билетийн касс дээр

유목문화를 체험하기 위해 항공사 티켓을 구매하는 인표

26
-р хичээл

Ин Пё : Би УБ-Өвөрхангай болон Мөрөн-УБ-Өмнөговь тур баз-УБ гэсэн маршрутаар суудал захиалах гэсэн юм.

Үйлчлэгч : Та эхлээд паспортоо түр өгнө үү.

Ин Пё : Хамгийн ойрын нислэг яг хэзээ байна?

Үйлчлэгч : Маргааш өглөө УБ-Өвөрхангайн чиглэлд онгоц ниснэ.

Ин Пё : За, ойлголоо. Билетийн нийт үнэ хэд вэ?

Үйлчлэгч : УБ-Өвөрхангайн чиглэлд 65ам.доллар, Мөрөн - УБ - Өмнөговь тур баз - УБ гэсэн чиглэлд нийт 245 ам. доллар, нийт 300 ам.доллар болж байна.

◉• Шинэ үг

маршрут 노선, 행	чиглэл 행, 방향
суудал 좌석	онгоц нисэх 이륙하다
захиалах 예약하다	нийт 총, 합계
ойрхон 가깝다	билетийн үнэ 티켓 가격, 항공료
нислэг 비행	

인표 : 저는 UB→Uburkhangai 및 Murun→UB→Umnugobi camp→UB라는 여정으로 좌석을 예약하려고 합니다.

직원 : 먼저 여권을 잠깐 주세요.

인표 : 가장 빠른 비행기는 언제 있습니까?

직원 : 내일 아침 UB→Uburkhangai 행 비행기가 있습니다.

인표 : 네, 알겠습니다. 항공료는 총 얼마입니까?

직원 : UB→Uburkhangai 행은 미화 65달러이고요, Murun→UB→Umnugobi camp→UB 행은 미화 245달러, 합해서 총 300 달러입니다.

◉• Тайлбар

Суудал захиалах гэсэн юм : 좌석을 예약하다

편도 нэг талдаа 왕복표 ирэх очих билет

Хамгийн ойрын нислэг яг хэзээ байна? : 가장 빠른 비행기는 언제 있습니까?

Нийт билетийн үнэ хэд вэ? : 항공료는 총 얼마입니까?

◉ Дүрэм

✎ 부동사 연결어미의 사용법

10. 목적연결어미 「-хаар, -хлаар」

목적연결어미 -хаар는 선행동사의 의도나 목적으로 인해 후행동사의 목적이 발생한다는 의미를 갖는다. 한국어의 '–(으)러', '–(으)려고'에 대응된다.

(1) Би монгол хэл сурахаар Улаанбаатар явна.
    나는 몽골어를 배우러 올란바타르로 갈 것이다.

(2) Найз маань хоол идэхээр гарсан.
    내 친구가 밥을 먹으러 밖에 나갔다.

[주의할 점] 외국인 학습자들이 몽골어를 배울 때 목적연결어미 –хаар와 후속연결어미 -хлаар 를 종종 구분 못하는 경우가 많다. -хлаар는 선행동사의 동작 발생에 따라 후행동사의 동작이 뒤이어 발생함을 나타내며 한국어의 '–(으)ㄴ 후에'에 대응시킬 수 있다.

(1) Чамайг ирэхлээр хамт явцгаая.
    네가 오면 같이 가도록 하자.

(2) Дуу сонсохлоор сэтгэл сайхан болдог.
    노래를 듣고 있으면 기분이 좋아진다.

(3) Аав ажилдаа явахлаараа дүүг дагуулж явдаг.
    아버지는 회사에 출근하실 때 동생을 데리고 간다.

(4) Би ээжийгээ санахлаараа уйлдаг.
    나는 어머니를 그리워할 때 울곤 한다.

11. 형동사형어미 「-маар」

동사어간에 형동사형어미 -маар4를 접속시켜 주로 희망과 바람을 나타낸다. -маар는 항상 동 사 'байх, болох'와 같이 짝을 이루어 쓰이며, 명사 앞에 올 때는 수식어의 기능을 갖는다.

(1) a. Би ном уншмаар байна.
        내가 책을 읽고 싶다.

    b. Тэр уншмаар ном байна.
        그 책은 읽고 싶은 책이다.

(2) a. Бид хамтдаа баймаар байна.
        우리는 같이 지내고(있고) 싶다.

    b. Бид бол үргэлж хамтдаа баймаар найзууд.
        우리는 영원히 같이 있고 싶은 친구들이다.

Соёл, зан заншил

몽골항공(MIAT)은 1954년에 설립되었으며,1993년에 국영 민간항공사인 몽골항공으로 전환되었다. 또한 2003년부터 네덜란드 경영팀에 의해 회사경영을 대행하고 있다.

몽골항공의 허브 공항은 칭기스 칸 국제공항이며, 현재 6개국의 10개 도시와 국제노선을 운항하는 중이다. 취항지는 한국, 중국, 일본, 유럽노선을 각각 운행하고 있으며, 현재 4대의 보잉기를 보유하고 있다.

현재 인천과 울란바타르 구간을 대한항공과 몽골항공이 운행되고 있다. 대한항공의 경우 성수기때는 일주일에 3~4편, 몽골항공의 경우 일주일 내내 매일 운항되고 있으며, 소요시간은 3시간 20분 정도이다.

몽골항공은 현재 국내 20여 곳의 공항에서 정기적으로 주 2-3회 운항하고 있다.

27 서부몽골로의 여행 출발
28 몽골 고도 '하르호롬'에서
29 관광객들이 좋아하는 몽골 전통음식 '양고기 돌구이'

서부몽골로의 여행 출발
Аян замын гараа.

어워르항가이도(道) 국내공항에 도착한 인표는 마중 나온 가이드 바트씨를 만났다.

Хөтөч : Сайн байна уу, таныг Пак Ин Пё гэдэг үү?

Ин Пё : Тийм байна, та намайг тосож буй хөтөч мөн үү?

Хөтөч : Тийм ээ, би таны аялалд хөтөч бас жолооч хийх Бат гэдэг хүн
байна.

Ин Пё : За тэгвэл Батаа, аян замын гараагаа эхлэх үү?

Хөтөч : Эхлээд бид машинаараа Хархорум очно, тэндээсээ Эрдэнэ-Зуу хийд
рүү явганаар явна.

Ин Пё : Таалагдаж байна, тэгээд дараа нь?

Хөтөч : Дараа нь бид жуулчныхаа бааз руу явж амарна даа.

тосох 마중 나오다

хөтөч 가이드

жолооч 기사

хийх 하다

аян зам 여행 길

сүм хийд 사원, 사찰

гараа 출발점

явган явах 걸어가다

таалагдах 마음에 들다

жуулчны бааз 관광지

가이드 : 안녕하세요? 박인표씨 인가요?

인　표 : 네, 맞습니다. 마중 나오신 가이드 분이신가요?

가이드 : 네, 저는 당신 여행에 동행할 가이드 겸 기사인 '바트'라는 사람입니다.

인　표 : 자 바트씨, 그럼 우리 여행을 떠날까요?

가이드 : 먼저 우리는 차로 '옛수도 하르호롬'으로 가서 그곳에서 '에르덴 조 사원'까지 걸어서 가겠습니다.

인　표 : 아주 마음에 들어요. 그 다음은요?

가이드 : 그 다음에는 우리가 묵을 게르 캠프로 가서 쉴거예요.

⊙• Тайлбар

✎ **Таныг Пак Ин Пё гэдэг үү?** : 당신이 박인표씨 입니까?

✎ **Аян замын гараагаа эхлэх үү?** : 여행을 시작해볼까요?

✎ **явганаар явна.** : 걸어서 가다.

✎ 동사 미래시제

동사어간에 가까운 미래를 나타내는 동사 종결어미 -на4(-но -нө -нэ)를 연결하여 가까운 미래 시제를 나타낸다.

явна 간다/갈 것이다　　**очно** 찾아간다/찾아갈 것이다　　**сууна** 앉는다/앉을 것이다

◎• Дүрэм

합성동사의 사용법

몽골어에는 합성동사가 몇 가지 방법으로 이루어지며 합성동사는 문장에서 여러양태의 의미를 나타내는 중요 기능을 갖는다.

1) бай-/бол-로 연결된 합성동사

бай-/бол- 동사로 연결된 합성동사는 문장에서 과거시제와 현재시제 그리고 미래시제 어미에 бай-/бол- 동사를 취한다.

① -х бол-

(1) Бат өнөөдөр сургуульдаа явна.
바트는 오늘 학교로 갈 것이다.

(2) Бат өнөөдөр сургуульдаа явах болно.
바트는 오늘 학교로 꼭 갈 것이다.

(3) Бат өнөөдөр сургуульдаа явах болж байна.
바트는 오늘 학교로 갈 시간이 다 되고 있다.

(4) Бат өнөөдөр сургуульдаа явах болсон.
바트는 오늘 학교로 가게 되었다.

[메모] 위의 예문에서 (1)은 미래 시제를, (2)(3)(4)는 화자의 양태(baimj) 의미를 나타내고 있다. 아울러 явах는 미래 시제를 가리킴과 동시에 후행하는 бол- 동사 뒤에 미래, 현재, 과거시제 어미를 취하여 미래에 이루어질 일을 추측하거나 또는 진행 과정, 결의 등의 의미를 나타낸다. 또한 의문문에서와 부정문에서도 다음과 같이 사용된다.

(1) a. Бат аа, сургууль явах уу?
바타! 학교로 갈까?

 b. Бат сургууль явах бол уу?
바트가 학교에 갈는지?

(2) a. Туяа, хоолоо хийх үү?
토야! 밥을 할까?

 b. Туяа хоолоо хийх бол уу?
토야가 밥을 할까?

[메모] 위의 예문에서 1(a)와 2(a)는 제2자에게 직접 묻고 있는 것을 보여 주며, 1(b)와 2(b)는 제3자의 심리상태에 대해 다른 누구에게 확인하는 의미를 나타낸다.

[문법] 부정법을 나타낼 때 '미래 시제 -х + гүй + 시제 어미'라는 구조를 갖는다.

(1) Өнөөдөр номын сан явахгүй болов уу?
오늘은 도서관에 가지 않겠지?

Соёл, зан заншил

에르덴 조 사원

에르덴 주 사원은 몽골 최초의 불교 사원이며, 중세기 몽골 역사문화적 귀중한 유산이다. 1586년 옛수도 하르호롬시의 옆에 세워졌으며, 108개의 탑(소브락)이 있는 400x400m규모의 성터로 되어 있어 동서남북 조망대, 4개의 성문이 있다. 1792년 사원 안에는 62개의 절과 500개 이상의 건축물이 있었으며, 만명 정도의 승려들이 생활했다.

1586년부터 1840년까지 새로운 절과 전이 계속 지어졌으며, 1701년부터 낡은 곳은 부분적으로 보수공사를 시작했고 1730년부터 에르덴 주 사원의 108개의 탑이 있는 성벽을 쌓기 시작했다. 20세기 초에는 건축물이 600여 개에 이르렀으며, 현재는 11개의 전과 2기의 기념탑과 몇개의 탑이 남아 있다.

사원의 예술적인 건축물들은 13세기부터 변화되지 않았으며, 몽골의 전통적인 도시 구조에 따라 지어진 유일한 사원이다. 즉 그 예술적인 건축 양식과 구조는 하르호롬시의 궁전예술 건축물과 같다.

몽골에 1930년대 정치적 종교 억압에 의해 모든 사원과 승려들이 위기에 처해졌을 때 상당한 어려움을 겪었지만 비교적 가장 잘 보존되어 남았으며, 1944년부터 국가의 보호를 받아 현재는 박물관으로 일반인들에게 개방되고 있다.

몽골 고도 '하르호룸'에서
Монголын эртний нийслэл Хархорум хот

28 **-р хичээл**

옛수도 하르호룸 및 '에르덴 주' 사원에 대해 자연스럽게 대화 나누는 인표씨.

Ин Пё : Хархорум хот анх 1220 онд байгуулагдсан гэж үнэн үү?

Хөтөч : Тийм ээ, анхандаа худалдаа, үйлдвэрлэлийн томхон хот байсан юм.

Ин Пё : Дараа нь улсын нийслэл болсон уу?

Хөтөч : Тийм ээ, Өгөөдөй хааны үед улсын нийслэл болж өргөжин тэлсэн юм.

Ин Пё : Гэвч 16-р зуунд аян дайнд сүйдэж ганцхан суурь чулуу л үлдсэн гэдэг.

Хөтөч : Харин тийм, дараа нь 1585 онд энэ балгас хотын ойролцоо Монголын анхны сүм хийд Эрдэнэ-Зууг байгуулсан юм.

Ин Пё : Дэлхийн түүхт газрыг нүдээрээ үзнэ гэдэг их сайхан юм байна.

Хөтөч : Тийм шүү, хүмүүс сонсдог, мэддэг боловч тань шиг биеэр ирж үзэх нь их ховор.

Шинэ үг

байгуулагдах 건립하다	сүйдэх 멸망하다
анхандаа 초기에	ганцхан суурь чулуу 하나의 주춧돌
худалдаа 상업	үлдэх 남다
үйлдвэрлэл 생산	ойролцоо 근처에, 주변에
Өгөөдөй хаан 오고데이 칸	түүхт газар 역사적 명소
өргөжин тэлэх 확대되다	нүдээр үзэх 직접 구경하다
аян дайн 전쟁, 투쟁	биеэр ирж үзэх 찾아와서 구경하다

인　표 : '하르호룸'은 처음 1220년에 건립되었다는데 사실인가요?

가이드 : 네, 초기에는 상업 및 생산 위주의 큰 도시였습니다.

인　표 : 그 다음에 수도가 된 건가요?

가이드 : 네, 오고데이 칸 당시에 수도가 되어 거대해졌습니다.

인　표 : 하지만 16세기에 전쟁으로 인해 단지 하나의 주춧돌만 남았다고 들었어요.

가이드 : 네, 맞아요. 그 다음에 1585년에 이 고도에서 멀지 않은 곳에 몽골의 첫 사원인 '에르덴 주 사
　　　　원'을 지었다고 해요.

인　표 : 이렇게 세계적 명소를 보게되니 정말 좋군요.

가이드 : 그럼요, 많이 알려져 있지만 당신처럼 직접 찾아와서 구경하는 것은 쉽지 않지요.

◉• Тайлбар

Анхандаа ....сан юм : 초기에 ......이었다.

16-р зуунд : 16세기에

시간의 표현

기본 수사에 -дугаар/ -дүгээр를 연결하여 서수사를 만든다.

хориннэгдүгээр зуун 21세기　　шинэ эрин зуун 21세기　　хагас зуун жил 반백년

⊙• Дүрэм

✎ 합성동사의 사용법

2) -ж/-ч/-н로 연결된 합성동사

a. 비슷한 의미를 갖는 동사들에 대등연결어미(병렬/공동/지속) -ж/-ч/-н/-саар를 연결하여 그 두 동사의 의미를 더 강하고 구체적으로 드러내는데 사용한다.

⑴ Болор, Туяа хоёр одоо ч уулзаж учирсаар байна.
볼로르와 토야가 지금도 친하게 지내고 있다.

⑵ Болор, Туяа хоёр одоо ч уулзаж байна.
볼로르와 토야가 지금도 만나고 있다.

⑶ Болор, Туяа хоёр одоо ч учирсаар байна.
볼로르와 토야가 지금도 자주 만나고 있다.

⑷ Туяа яарсандаа байн байн босч сууна.
토야가 급한 마음에 안절부절 못하고 있다.

⑸ Дүү маань алхаж явсан.
내 동생은 걸어서 갔다.

⑹ Засгийн газрын яамдын тухай хэлэлцэж дууслаа.
정부 각 부처들에 대해 논의하면서 (회의가) 끝났다.

⑺ Бат гэнэт дуулж бүжиглэж гарлаа.
바트가 갑자기 노래하고 춤추며 나갔다.

[문법] 한편 몽골어의 명사는 아래와 같이 공동연결어미 -н로 연결되는 일부 합성동사들에서 파생된다.

　　　хүлээн авах (받다) – хүлээн авалт (파티)

　　　тойрон аялах (여행하다) – тойрон аялал (일주)

3) өг~/ав~을 갖는 합성동사

몽골어에서는 өг~/ав~를 취하는 합성동사가 많이 사용된다. өг~를 갖는 합성동사는 '~해 준다'의 의미를 나타내며, ав~를 갖는 합성동사는 '~를 얻다, ~를 갖다(받다)'의 의미를 나타낸다.

⑴ Би өгүүлэл бичиж өгнө.
내가 논문을 써 주겠다.

⑵ Та миний хувцасыг өлгөж өгөхгүй юү.
선생님 제 옷 좀 걸어 주시겠어요.

Соёл, зан заншил

옛수도 하르호룸

몽골 옛수도 하르호룸은 1220년에 세워진 이 후로 1238년에 칭그스칸 셋째 아들 어 거대 대왕이 궁전을 세움으로써 몽골 대제국의 수도가 되어 경제, 문화, 정치의 중심 지가 되었다. 하르호룸은 몽골제국의 수도로 32년간, 그 중 1215, 1268년 큰 화재가 있었으며 1380년, 1466년 중국인에 의해 파괴를 당했지만 그때마다 다시 복구되었다.

몽골제국은 이 도시에서 몽골에 편입된 여러 나라들을 통치했으며, 이 곳을 통과하는 실크로드를 통해 400여년 동안 유라시아와의 상업이 이루어졌다.

1948~1949년에 러시아 및 몽골 학자들로 구성된 공동학술연구팀이 하르호룸시를 처 음 발굴 조사하기 시작했으며, 그 결과 '이 시는 벽돌로 지어졌으며, 정방형의 성채, 사방의 문, 문을 통해 난 길들이 있었던 자취가 나왔다. 연구 자료에 의하면 이 시는 몽골 귀족이었던 어트치깅이 200명의 인부와 함께 지었다고 한다.

1995–1997년 실행된 몽골 정부, 유네스코, 일본 정부의 〈몽골 고대 하르호룸 성터 보 존〉이라는 공동안에 따라 위치 조감도 작성, 고고학적 발굴, 지하 연구가 진행되었으 며, 그 결과 사방에 문이 있는 사각지형의 성 안에 왕궁, 절, 상점, 군인 막사, 일반 주 거지 등의 구역이 있었던 사실이 밝혀졌다.

관광객들이 좋아하는 몽골 전통음식 '양고기 돌구이'
Жуулчдын идэх дуртай 'Хонины хорхог'

29
-р хичээл

저녁 식사에서 맛볼 몽골 전통음식 '허르헉'에 대해 가이드를 통해 설명 듣는 인표씨

Ин Пё : Өнөөдөр оройн хоол юу вэ?

Хөтөч : Өнөөдөр та жуулчидын идэх дуртай 'Хонины хорхог' идэх болно.

Ин Пё : Хонины хорхог оо? Танай үндэсний хоол уу?

Хөтөч : Тийм ээ, Бид холын эсвэл хүндэт зочноо ирэхэд барьдаг тусгай хоол юм.

Ин Пё : Тэгвэл танай хүндэт зоог байх нь ээ?

Хөтөч : Тиймээ, гэхдээ аян замын хүмүүст бол их сайхан тохирсон хоол доо.

Ин Пё : Тэгвэл өнөө орой сайхан хооллож амраад маргааш эрт Хөвсгөл рүү явах уу?

Хөтөч : Тийм ээ, зам хол учраас эртхэн шиг замд гарна аа.

Шинэ үг

оройн хоол 저녁 식사	аян замын хүн 여행객
Хонины хорхог 양고기 '허르헉' 요리	тохирох 적당하다
үндэсний хоол 전통 음식	өнөө орой 오늘 저녁
тусгай хоол 특별 음식	хооллох 식사하다
хүндэт хоол 대접 음식	амрах 쉬다
холын зочин 멀리서 온 손님	зам хол 먼 길
хүндэт зочин 귀한 손님	эртхэн 일찍

인　표 : 오늘 저녁식사는 무엇인가요?

가이드 : 오늘 저녁은 관광객들이 가장 좋아하는 '양고기 허르헉'을 드실 거예요.

인　표 : '양고기 허르헉' 이요? 전통 음식인가요?

가이드 : 네, 멀리서 또는 귀한 손님이 오면 대접하는 특별 음식이에요.

인　표 : 그러면 몽골의 접대 음식이네요?

가이드 : 네, 여행객들에게도 잘 맞는 음식이기도 해요.

인　표 : 그럼 오늘은 맛있는 저녁 식사를 하고 홉스골로는 내일 출발하는 건가요?

가이드 : 네. 갈 길이 멀어서 일찍 출발할 거예요.

◉• Тайлбар

◌ **Өнөөдөр оройн хоол юу вэ?** : 오늘 저녁 식사는 무엇입니까?

◌ **Жуулчид идэх дуртай 'Хонины хорхог'** : 관광객이 즐겨먹는 '양고기 허르헉'

◌ **Зам хол учраас эртхэн шиг замд гарна аа** : 갈 길이 멀어 아침 일찍 출발할 거예요.

◌ **учир(учраас)**

учир(учраас)는 동작이나 행위의 원인과 이유를 나타낸다.
한국어의 "〜하기(했기) 때문에, 〜하니까"에 대응한다.
би завгүй учир түүнтэй уулзаж чадахгүй 나는 바빠서 그와 만날 수 없다.

●• Дүрэм

✐ 동사태 사용법

1) 사동태어미(Үйлдүүлэх хэв) -уул²/-га⁴/-аа⁴
일반적으로 몽골어 동사들은 -уул²/-га⁴/-аа⁴ 등의 사동태어미를 취하여 타동사를 형성한다. 즉,
문장에서 주어는 항상 대격어미(-ыг/-ийг/-г)나 대격어미의 ø 형태로 나타난다.
또한 격어미 -аар⁴를 취할 수 있다.

(1) a. Би захиа бичсэн.
   나는 편지 썼다.

   b. Би захиа(г) бичүүлсэн.
   내가 편지를 쓰게 했다.

(2) a. Би Болдтой уулзсан.
   나는 볼드와 만났다.

   b. Би Болдыг Туяатай уулзуулсан.
   나는 볼드를 토야와 만나게 했다.

동사 어간에 -уул²/-га⁴/-аа⁴ 어미를 취하여 행위주가 직접 하는 행동이 아닌 다른 동작자에게
어떤 동작을 하게 만드는 것으로 '～게 하다'라는 작용을 나타낸다.

ø + -уул²	ø + -га⁴	ø + -аа⁴
алхах – алхуулах	асуух – асуулгах	амрах – амраах
бичих – бичүүлэх	буух – буулгах	бүт – бүтээх
даарах – дааруулах	заах – заалгах	өнгөрөх – өнгөрөөх
идэх – идүүлэх	зөөх – зөөлгөх	хатах – хатаах
мартах – мартуулах	нээх – нээлгэх	тарах – тараах
орох – оруулах	хаах – хаалгах	тогтох – тогтоох
оролцох – оролцуулах	хийх – хийлгэх	сөнөх – сөнөөх
унтах – унтуулах	хүлээх – хүлээлгэх	сэрэх – сэрээх
угтах – угтуулах	тогтоох – тогтоолгох	удах – удаах
уулзах – уулзуулах	угаах – угаалгах	цангах – цангаах
суралцах – суралцуулах	уух – уулгах	ядрах – ядраах

[메모] -уул² 어미는 주로 단모음이나 자음으로 끝나는 단어에 취하며 -га⁴는 자음 р, л, д(т), с
로 끝나는 단어에, -аа⁴는 자음으로 끝나는 단어(고전몽골어의 단모음으로 끝나는 단어들)에 취한
다. 이밖에도 장모음이나 이중모음으로 끝나는 단어에 취하는 -лга⁴형태가 있다. 예를 들면:

(1) a. Би өнөөдөр гэртээ байсан.
   나는 오늘 집에 있었다.

Соёл, зан заншил

초원의 유목민을 여실히 보여주는 음식 가운데 '허르헉'(양고기 돌구이 음식)이 있다. 허르헉은 주로 덩치 큰 양을 통째로 조리할 때 사용하며, 알리미늄 같은 쇠통에 집어넣어 익힐때 다음과 같은 순서와 방법으로 조리한다.

먼저 주먹보다 작은 차돌 수십 개를 불에 달군다. 그 다음에 쇠통에 토막살을 조각으로 나누어 집어넣고 소금을 뿌리고, 파, 감자, 부추 등을 다져 넣는다. 마지막에 통 안에 집어넣은 재료 사이 사이로 불에 달군 돌들을 끼워 넣고 뚜껑을 잘 닫아 약한 불에 천천히 그슬려 약 2시간 가량 안팎에서 익힌 다음에 통 뚜껑을 열어 속에서 뜨거워진 돌을 먼저 꺼내 고기를 먹기 전에 손에 들고 비비거나 만지는데 관절염, 신경통 등에 효과가 있다고 한다.

ХИЧЭЭЛ 10
인표의 여정이 홉스골道를 향하다.

30 바다 어머니 '홉스골' 호숫가에서
31 순록도 사람이 타고 다니네!
32 우리 사진 찍어 주세요

바다 어머니 '홉스골' 호숫가에서
Далай ээж Хөвсгөл нуурын хөвөөнд.

아름다운 풍광과 바다처럼 크고 넓은 홉스골 호수를 바라보는 인표의 감상

Ин Пё : Хөвсгөл нуур үнэхээр сайхан байгалтай газар юм байна!

Хөтөч : Тиймээ, манай орны хамгийн сайхан газрын нэг.
Бид бас Монголын Швейцар гэж нэрэлдэг

Ин Пё : Гэхдээ яг нуур мөн үү? Нуур гэхэд арай л том харагдаад байна!

Хөтөч : Тийм ээ, нуур гэхэд ахадсан их ус байгаа биз?

Ин Пё : Харин би бас бага зэрэг эргэлзээд гэх үү дээ....

Хөтөч : Бид бас энэ нурааа далайтай зүйрлэн 'Далай ээж Хөвсгөл нуур'
гэдэг юм даа.

Ин Пё : Нээрээ тэгж хэлсэн чинь далай шиг том нуур байна!

Шинэ үг

Хөвсгөл нуур '홉스골' 호수	ахадсан их ус 끝이 안보이는 물
үнэхээр сайхан 정말 아름다운	арай л том 비교적 크다
байгаль 자연	харагдах 보이다
газар 장소	далай 바다
нэрлэх 일컫다	зүйрлэх 비교하다
нээрээ л 참으로	далай ээж 바다 어머니

인　표 : 홉스골 호수의 경치가 너무 아름답다!
가이드 : 네, 우리 나라에서 가장 아름다운 곳 중의 하나에요.
　　　　그래서 '몽골의 스위스' 라고 부르기도 해요.
인　표 : 그런데 호수가 맞나요? 엄청 커 보이는데…
가이드 : 그렇죠? 호수라고 하기에는 너무나 크죠?
인　표 : 그러게요, 놀랍군요.
가이드 : 우리는 또한 이 호수를 바다로 비유해서 '바다 어머니 홉스골 호수'라고 부르기도 하지요.
가이드 : 그렇게 설명해 주니까 정말 바다처럼 큰 호수가 맞네요.

◉• Тайлбар

Үнэхээр сайхан байгалтай газар юм байна! : 정말 아름다운 곳이다!

Нуур гэхэд арай л том харагдаад байна! : '호수'라고 하기에는 엄청 크게 보인다!

гэдэг юм даа. : ～라고 하다(첨사 연쇄체)

몽골어의 양태첨사는 문장이 뜻하는 사건에 대한 화자의 주의환기, 단언, 다짐, 확인 등의 다양한 의미를 갖는다.

надад бас нэг дээл хэрэгтэй шүү 내게도 델 한벌이 필요합니다(주의, 환기)
ирэх жил заавал түрүүлнэ дээ 내년에는 반드시 우승할거야(다짐)
би номоо уншсан шүү дээ 나는 책을 읽었습니다(단언)
нөгөөдөр хуралд ирнэ биз? 모레 회의에 오실거죠? (확인)

Дүрэм

동사태 사용법(사동태어미의 중첩형)

3) -уул² + -га⁴와 -уул² + -уул² 반복형
몽골어에서만 나타나는 태어미의 형태적 특징 중의 하나는 동일한 태어미가 어중에서 중첩되어 쓰이는 문법형태이다.

(1) a. Тэнд цаас шатаж байна.
저기에 종이가 불타고 있다.

b. Тэнд цаас шатааж байна.
저기에 종이를 불타게 하고 있다.

c. Тэнд цаас шатаалгуулж байна.
저기에 종이를 불 타게 하도록 (어떤 사람한테) 시키고 있다.

(2) a. Оюутан илтгэл тавьсан.
학생이 논문을 발표했다.

b. Багш оюутнаар илтгэл тавиулсан.
교수님이 학생에게(으로 하여금) 논문을 발표하게 했다.

c. Багш оюутнаар илтгэл тавиулуулсан.
교수님이 학생에게(으로 하여금) 논문을 발표토록 하였다.

(3) a. Би гэртээ хүрсэн.
내가 집에 도착했다.

b. Намайг гэрт хүргэсэн.
나를 집에 데려다 주었다.

c. Би гэртээ хүргүүлсэн.
내가 집에 데려다 주게 했다.

[메모] 위에서 보듯이 능동태(өөрөө үйлдэх хэв)어미를 갖는 문장은 동사에 대한 동작의 주체가 스스로 한 일을 나타내는데 반해, 사동태(үйлдүүлэх хэв)는 일반적으로 주어 자리의 동작자가 딴 동작자에게 어떤 동작을 하게 만드는 것으로 '〜게 하다'라는 작용을 가리킨다. 그리고 동사태의 반복형은 다른 동작자에게 행위를 하게 만드는 것이나 제3자에게 어떤 동작을 하게 한 것을 보여주거나 나타낸다.

4) 동사태와 -чих 어미
동사의 어간이나 동사태에 -чих을 취하여 '〜해 버리다'라는 강조의 의미를 나타낸다.
또한 -чих에 + на⁴, -ж байна, -сан⁴, -лаа⁴, -жээ/〜чээ가 덧붙어 과거, 현재, 미래 시제를 나타낸다.

(1) Туяа гэрлүүгээ явчихжээ.
토야가 집으로 가 버렸다.

Соёл, зан заншил

홉스골 호수는 울란바타르시에서 약 650km 떨어져 있으며, 물의 용량은 아시아에서 2번째, 세계에서 14번째에 속한다. 남북 길이는 133km, 폭 39km로 바다가 없는 몽골에서는 이 호수를 '바다'라고 부른다. 주변 경관이 매우 아름다워 많은 관광객들이 찾아가는 곳이며, 평균 수심 139m, 가장 깊은 곳의 수심은 262m로 아시아에서 가장 깊은 호수이다.

해발 1,645m에 위치한 홉스골 호수는 크고 작은 46개의 강과 하천이 합류하고 또 에긴강의 남쪽으로 흐르는 셀렝게 상에 합류하여 '바이칼' 호수로 흘러든다.

이 호수에서 청어, 곤들배기, 농어, 연어, 류, 씀뱅이, 모캐(대구의 일종) 등 9종의 물고기가 서석하며, 호수 주변에 영양, 노루, 야생염소, 순록, 곰, 시라소니, 담비 등 68종의 포유동물, 244종의 조류 등이 서식한다. 또한 750가지 식물류가 있으며 이 가운데 60가지는 약용식물로 생태학적으로도 매우 중요한 곳이다. 이 지역에서 몇몇 고산 지대에 '차아탕 족'이라고 불리는 순록을 키우는 유목민들이 살고 있다.

순록도 사람이 타고 다니네!
Цаа бугыг ч бас унаж болдог байх нь ээ.

31
-р хичээл

가이드를 통해 순록에 대한 새로운 정보를 알게 된 인표씨

Ин Пё : Монголд цаа буга байдаг гэж ер төсөөлсөнгүй шүү.

Хөтөч : Өө байлгүй яахав. Манай орны Хөвсгөл нуур болон Дархадын
хотгор гэсэн хойд нутгаар Цаатан хүмүүс нилээн их амьдардаг.

Ин Пё : Нээрээ Цаа бугыг чарганд хөллөж унадаг байх шүү, тийм ээ?

Хөтөч : Зөвхөн чарганд хөллөхгүй л дээ. Морь шиг бас шууд унадаг.

Ин Пё : Морь шиг шууд уу?
Ингээд харахад их давжаа биетэй намхан амьтан юм.

Хөтөч : Харин ч сайн даана шүү дээ. Танд сонирхуулахад эндхийн хүмүүс
Цаатны баяраар "Цаа буганы уралдаан" хүртэл хийдэг.

◐• Шинэ үг

цаа буга 순록	их давжаа биетэй 몸체가 작은
ер, огт 전혀	намхан амьтан 낮은 동물
төсөөлөх 상상하다	сайн даах 잘 견디다
хойд нутаг 복쪽 지역	цаатны баяр 차탕족 명절
цаатан хүмүүс 순록 유목민	цаа буганы уралдаан 순록 타기대회
чарганд хөллөх 썰매를 연결하다	

인　표 : 몽골에 순록이 있을거라곤 전혀 생각지 못했네요.

가이드 : 그런가요, 홉스골 호수와 북쪽 다르하드 골짜기에 순록유목민들이 주로 많이 살아요.

인　표 : 아, 참! 순록은 썰매와 연결해서 타는 거 맞죠?

가이드 : 단지 순록썰매로만 사용하는 것이 아니라 말처럼 직접 탈수 도 있어요.

인　표 : 말처럼 직접 탄다고요? 그러기에는 덩치가 작지 않나요.

가이드 : 그래보여도 힘이 좋은 동물이에요. 흥미로운 것은 차탕족 명절 때 '순록 타기대회'도 하지요.

Тайлбар

Θθ байлгүй яахав. : 당연히 있지요

Нутгаар... их амьдардаг : 지역에 많이 살고 있다.

동사 한정연결어미(형동사형어) -даг
동사어간에 -даг(-дэг, -дог, -дθг)를 연결하여 과거의 일정한 시점부터 현재까지 습관적, 반복적으로 이루어지는 동작과 형태를 나타내는 연결어미이다.
тамхи татдаг 담배 피다 　 архи уудаг 술 마시다

Цаа буганы уралдаан : 순록 경기

сайн даана шүү дээ. : 잘 감당한다(첨사 연쇄체)

Дүрэм

✎ 후치사의 사용법

가. 「учраас, учир」
몽골어의 명사나 동사 등의 주성분 뒤에 들어가 선행어를 후행어에 종속 연결하는 종속연결어를
후치사라 한다. 「учраас, учир」는 동작이나 행위의 원인과 이유를 나타낸다.

(1) Туяа хичээлээ сайн ойлгоогүй учраас Бат түүнд тайлбарлаж өгөв.
　　토야가 공부를 잘 이해하지 못 해서 바트가 그에게 설명해 주었다.

(2) Хурлын дарга ирээгүй учир хурлаа хойшлуулсан.
　　회장이 안 와서 학술회의를 다음으로 연기 했다.

[메모] 「учраас, учир」과 같은 의미를 나타내 주는 「тул」도 있다.

(3) Дарга ир гэсэн тул ажил руугаа явж байна.
　　사장님이 오라 해서 회사로 나가고 있다.

나. 「хүртэл」· 「болтол」
「хүртэл」과 「болтол」은 '～까지' 와 '～가 될 때까지'의 의미를 지닌다.

(1) Манай гэр хүртэл 15 минут явдаг.
　　우리 집까지 15분 걸린다.

(2) Хоол болтол жаахан амарч бай.
　　밥이 될 때까지 좀 기다리거라.

다. 「гаруй」· 「шахам」· 「орчим」
「гаруй」· 「шахам」· 「орчим」는 수사와 같이 사용하는데 「гаруй」는 '～이상', 「шахам」은
'거의'나 '～에 가까운', 「орчим」은 '정도'나 '가량' 등의 의미를 나타낸다.

(1) Манай анги 20 гаруй оюутантай.
　　우리 학과 학생은 20명이 넘는다.

(2) Манай анги 30 орчим оюутантай.
　　우리 학과 학생은 30명 정도이다.

(3) Манай анги 30 шахам оюутантай.
　　우리 학과 학생은 30명에 가깝다.

[메모] 또한 орчим과 같은 의미로 쓰이는 -аад⁴를 수사의 어간에 바로 취해서 '정도'의 의미를
나타낼 수 있다.

(4) Манай анги 20-иод оюутантай.
　　우리 학과 학생은 30여명 정도이다.

라. 「турш」
후치사 「турш」는 한국어의 '동안/내내'으로 옮길 수 있다.

(1) Туяа өнөөдөр даргыгаа өдрийн турш хүлээсэн гэнэ.
　　토야가 오늘 사장님을 오후 내내 기다렸다고 한다.

Соёл, зан заншил

가장 원형적인 형태로 순록 유목을 하는 사람들은 몽골의 차탕족으로 알려져 있으며, 이들은 몽골의 북서부 러시아 접경 근처 산악지대에서 살고 있다. 현재 200 여명이 생존하고 있는 몽골 소수부족이다. 언어는 투바족 계열로 투바 방언을 사용한다.

몽골어로'순록을 따라다니는 사람들'로 불리는 차탕족 유목민은 여름 방목지는 수목한 계지점을 넘어서는 고산 툰드라지대이며, 순록을 타고 순록이 더 이상 가지 않는 곳까지 이동해서는 순록이 머물 때까지 그곳에 머문다. 그러다 다시 순록이 이동하는 시기가 되면, 순록이 가는 곳으로 길을 떠난다. 애당초'고향'이나 '정착'이라는 말이 없으며, 지금도 몽골과 러시아의 국경을 오가며 진정한 노마드의 삶을 살고 있다.

순록은 사슴종류 가운데 지구상에서 유일하게 가축화 했으며, 순록을 인간 근처에 둘 수 있었던 것은 소금이다. 소금은 인간이 순록을 길들일 수 있는 물질이었다. 순록은 인간에게 젖과 가죽 그리고 고기를 제공한다. 그렇다고 해서 차탕 사람들이 순록을 함부로 잡는 것은 아니다. 단지 늙은 순록만을 골라 생존을 위한 최소한의 식량으로 삼는다.

'순록 달리기'는 차탕족들을 새해를 앞두고 벌이는 놀이 중의 하나이며 남녀노서를 불문하고 희망하는 자는 모두 경주에 참가할 수 있다.

우리 사진 찍어 주세요
Бидний зургийг дараад өгнө үү.

여행 길을 '고비사막'으로 돌리게 된 인표는 '무릉'공항에서 가이드 바트와 작별인사를 한다.

Ин Пё : Бат аа сайн хөтөч, сайн жолооч минь болж өгсөнд үнэхээр их баярлалаа.

Хөтөч : Хаанаас даа. Чамтай сайхан аяласандаа би харин их баяртай байна.

Ин Пё : Аялалын сайхан дурсамж болгон хоёулаа хамт зургаа даруулья. (хажуугаар өнгөрөх хүнд)

Хөтөч : Та бидний зургийг дараад өгнө үү.

Замын хүн : За, тэгье. Нэг хоёрын гурваа...за дарчихлаа.

Ин Пё : Батаа, бид дахин уулзана гэж найдаж байна.
Чамд үргэлж сайн сайхныг хүсье.

Хөтөч : Манай зүйр үгэнд ч бас Эр хүний замын хүзүү урт гэдэг юм, дахин уулзатлаа баяртай

◉• Шинэ үг

дурсамж 추억	найдах 기대하다
хоёулаа хамт 둘이서 같이	үргэлж 항상
зураг дарах 사진 찍다	сайн сайхан 잘, 좋은 일
дахиад нэг 다시 한번	дүүрэн байх 가득하다
инээмсэглэх 활짝 웃다	хүсэх 기원하다
дахин уулзах 다시 만나다	зүйр цэцэн үг 속담

인　표 : 바트씨, 여행 중에 좋은 가이드와 기사가 되어 줘서 정말 고마워요.

가이드 : 천만에요. 인표씨와 즐거운 여행을 보낼 수 있어서 저도 기쁩니다.

인　표 : 여행 기념으로 우리 같이 사진 찍읍시다.

　　　　(옆으로 지나가는 행인에게 부탁한다)

가이드 : 우리 사진 좀 찍어주세요.

행　인 : 네, 그러죠. 하나, 둘, 셋.... 자 찍었습니다.

인　표 : 바트씨, 다음에 또 만나요.

　　　　항상 좋은 일만 가득하기를 바래요.

가이드 : 우리 속담에 '남자는 여행길이 길다'는 말이 있는데 다시 만나기를 기약해요.

◉• Тайлбар

✎ Бидний зургийг дараад өгнө үү : 우리 사진 좀 찍어주세요

✎ Эр хүний замын хүзүү урт : 남자의 여행길은 길다

형용사의 반대말

урт 길다　богино 짧다

дулаан 따뜻하다　хүйтэн 춥다

том 크다　жижиг 작다

сайн 좋다　муу 나쁘다

хурдан 빠르다　удаан 느리다

шинэ 새, 새롭다　хуучин 헌, 오래되다

✎ Чамд үргэлж сайн сайхныг хүсье! : 항상 좋은 일만 가득하기를 기원하다!

⊙• Дүрэм

✐ 후치사의 사용법

마.「төлөө」·「тулд, тул」

「төлөө」는 -ын/-ийн/-н로 끝나는 단어 뒤에 나타나며 한국어의 '~을 위하여'에 상응된다.

(1) Эх орныхоо бүтээн байгуулалтын төлөө ажиллацгаая.
　　우리 나라의 발전을 위하여 열심히 일합시다.

(2) Эрүүл энхийн төлөө хундагаа өргөцгөөе.
　　건강을 위하여 건배를 합시다.

(메모) 후치사「тулд, тул」도 문장에서 '~를 위하여'의 의미를 나타낸다.「төлөө」는 '목적어 명사구'와 어울려 어떤 목적이나 의도를 나타내는 경우 '~을 위하여'의 꼴로 쓰이고 있다. 하지만「тулд, тул」는 명사와 바로 연결될 수 없으며 항상 형동사가 선행하는 특징을 지니고 있으며 주로 '~해야 한다"로 끝나는 문장에서 많이 사용된다.

(3) Үүнийг бичихийн тулд монгол бичиг мэддэг хүн хэрэгтэй байна.
　　이것을 쓰기 위해서 몽골 문자를 아는 사람이 필요하다.

(4) Сайхан амьдрахын тулд их хөдөлмөрлөх хэрэгтэй.
　　행복하게 살기 위해서는 많은 노력이 필요하다.

바.「чинээ」

몽골어「чинээ」는 속격어미 -ын/-ийн/-н로 끝나는 단어 뒤에 나타나 '만큼, 정도'의 의미를 갖는다.

(1) Эрт үед уулын чинээ биетэй атгаалжин хар мангас байж гэнээ.
　　옛날 옛적에 산만큼 큰 몸집을 가진 질투심 많은 괴물이 있었다.

(2) Энэ модны чинээ том мод байвал зүгээр байна.
　　이 나무만큼 큰 나무가 있으면 좋다.

사.「үл барам」·「барахгүй」

몽골어에는 구격어미 -aap[4]로 끝나는 단어 뒤에 나타나는「үл барам」(뿐만 아니라)과「барахгүй」(뿐더러) 등의 도구격지배 후치사들이 있다.

(1) Нэгээр үл барам дөрөв, таван хүн явж гэнээ.
　　1 명이 아니라 4 ,5명이 갔단다.

(2) Амархнаар барахгүй маш хялбархан хичээл байсан шүү.
　　쉬울 뿐더러 아주 흥미로운 수업이었다. (강신 외,「현대 몽골어와 한국어의 문법비교연구」, 한국문화사, 2009, 191-200쪽.)

Соёл, зан заншил

고려가 원의 속국이 되고나서 거의 백년가량을 몽고인과 접촉한 결과로 고려에서는 몽골풍(변발, 몽골복식, 몽골의 관습법 등)이 유행하였다.

〈고려사〉의 충렬왕 원년 10 월의 기록에 "신유일 … 왕은 리 분희 등이 개체開剃하지 않은 데 대하여 책망하니 그들이 대답하기를 '저희들이 개체하는 것을 싫어하는 것이 아니라 다만 여러 사람들의 예를 기다릴 따름입니다.'라고 하였다. 몽골의 풍습에 머리털을 정수리에서부터 이마까지 내려 깎는데 그 모양이 네모나게 하고 가운데는 머리털을 남기여 두었는바 이것을 겁구아ㅐㅊ仇兒라고 하였다."라는 기록이 있다. 이 기록에 의하면 원종 때부터 이미 고려의 신하들 중에는 몽고의 변발을 하려고 했음에도 불구하고 왕은 변발령을 단행할 수 없었고, 충렬왕이 즉위하자마자 스스로 변발을 하여 본이 되어 원조의 풍습을 장려한 것으로 보이고 충렬왕 4 년(1278)의 기록에 변발령을 반포하여 백성들에게 변발을 하게 하였다고 기록하고 있다.

ХИЧЭЭЛ 11

어믄(남)고비道에서

33 운전사가 빨리 왔으면 좋겠다
34 낙타는 너무 높아!
35 별들이 쏟아지는 고비 사막의 멋진 밤하늘!

운전사가 빨리 왔으면 좋겠다
Жолооч хурдан ирээсэй.

고비사막에 도착한 인표는 마중 나오러 약속된 기사가 오지 않아 기다리고 있다.

Ин Пё :   Онгоц буугаад удчихлаа, жолооч яагаад ирэхгүй байна аа...

Жолооч :   Сайн байна уу? Өөрөө Пак Ин Пё гэдэг хүн мөн үү?

Ин Пё :   Сайн, сайн байна уу? Та намайг тосож буй жолооч мөн үү?
                Би харин жолооч хурдан ирээсэй гээд л зогсож байлаа.

Жолооч :   Уучлаарай,би машиндаа шатахуун хийх гэж явж байгаад
                оройтчихлоо!

Ин Пё :   Та тэгээд шатахуунаа олов уу?

Жолооч :   Харин сая авчихлаа, одоо жуулчны бааз руугаа хөдөлье дөө

◉• Шинэ үг

онгоц буух 착륙하다	хоцорчихлоо 늦어버리다
удчихлаа 오래 되다(한참 되다)	бензин 기름
яагаад 왜	шатахуун авах 기름 넣다
хурдан ирэх 빨리 오다	саяхан 방금 전
зогсож байна 서 있다	жуулчны бааз 관광지
тосох 마중 나오다	хөдлөх 출발하다

인　표 : 비행기가 착륙한지 한참인데 운전사가 왜 안오지...

운전사 : 안녕하세요? 박인표씨 맞으시죠?

인　표 : 네, 안녕하세요? 마중 나오신 기사분이시죠?

　　　　　기사분이 빨리 왔으면 하고 기다리고 있었죠.

운전사 : 죄송합니다. 제가 차에 기름 넣고 오다가 늦었습니다.

인　표 : 그래서 차에 기름은 넣었어요?

운전사 : 네, 방금 전에 넣었어요. 바로 관광지로 출발합시다.

◉• Тайлбар

✑ **Жолооч хурдан ирээсэй!** : 기사가 빨리 왔으면!

✑ **Онгоц буугаад удчихлаа!** : 비행기가 착륙한지 한참 되었다.

동사 과거시제어미 -лаа

몽골어 동사 과거시제어미에는 -сан4, -лаа4, -жээ2, -в의 4가지 형태가 있다. 이중 구어체에서 가장 많이 사용되는 어미는 -сан4(직접 인식한 과거), -лаа4(직접 인식한 가까운 과거) 이며 아래와 같다.

　　би сургууль руу явсан 나는 학교로 갔다.

　　би хоолоо идсэн 나는 밥을 먹었다.

　　одоохон очлоо 곧 갈게요.

　　сая ирлээ 방금 왔다.

✑ **Саяхан** : 방금 전에

◐• Дүрэм

✎ 후치사의 사용법

아. 「наана」·「цаана」
「наана」과 「цаана」은 탈격어미 -аас⁴와 연결되면 발화자의 위치에서 가까운 곳과 먼 곳 또는 뒤쪽을 가리킨다. 그러나 속격어미 -ын/-ийн/-н와 연결되면 앞이나 뒤쪽을 가리킨다.

(1) Бат сургуулиас наана байна гэнээ.
바트가 학교 가까운 곳에 있단다

(2) Бат сургуулиас цаана байна гэнээ.
바트가 학교에서 아주 먼 곳에 있단다.

(3) Би сургуулийн цаана явж байна.
나는 학교 앞 쪽으로 가고 있다.

(4) Би сургуулийн цаана явж байна.
나는 학교 뒤 쪽으로 가고 있다.

(주의할 점) 문장에서 몽골어의 전성부사 후치사(наана/цаана, урд/ард)들은 격어미를 어떻게 취하느냐에 따라 의미가 아주 달라진다. 예를 들면: 소유격을 취할 경우 -ын/-ийн/-н + наана(앞)/цаана(뒤)과 -ын/-ийн/-н + урд(앞)/ард(뒤)가 똑같은 의미를 나타내며, 탈격을 취하는경우에도 -аас⁴ + наана наана(...에서 가까운 편에)/цаана(...에서 먼 편에)과 -аас⁴(...에서 가까운 편에) + нааш/цааш(...에서 먼 편에)와 같은 동일한 의미를 갖는다.

자. 「дотор」·「гадна」
명사어간 + 속격어미(-ын/-ийн/-н)/-аас⁴ +「дотор」(안에), 「гадна」(밖에)를 취하면 '~안에, 밖에' 등의 의미를 나타낸다.

(1) Байшингийн дотор худалдаа явагдаж байна.
건물 안에서 장사들 하고 있다.

(2) Энэ гэрийн даалгаврыг нэг сарын дотор хийгээрэй.
이 숙제를 한 달 안에 하세요.

(3) Номноос гадна өөр юу хэрэгтэй вэ?
책 이외에 또 필요한 것이 무엇이니?

차. 「хажууд」·「дэргэд」
명사어간 + 속격어미(-ын/-ийн/-н) +「хажууд」dhk「дэргэд」(옆에)를 취하면 '~옆에'의 의미를 나타낸다.

(1) Сургуулийн хажууд эмнэлэг байдаг.
학교 옆에 병원이 있다.

Соёл, зан заншил

하늘의 동물 낙타

산과 언덕이 하나도 없이 끝없이 펼쳐진 고비사막, 신기루 현상과 끝이 안 보이는 광막한 고원에서 방목하는 낙타 떼를 멀리서 보게 되면 하늘까지 높고 우아하며, 새들은 날개를 세워 장관을 이루는 자연의 위대함 앞에서 낙타 무리는 실제로 땅에 내려온 하늘의 거대한 동물과 같이 보인다. 낙타의 서식지는 고비 사막이며, 고비에서는 낙타를 "사막의 거대한 배"로 묘사하기도 한다. 사실은 이 지구의 다양한 동물 중에서 낙타는 점차 그 개체수가 줄어들고 있는 목축이며, 커다란 몸 덩치와 힘세고 우아하며, 걸음걸이와 달음박질로 먼 거리를 잘 소화시키며 다니는 낙타를 저 멀리서 보면 말 그대로 "바다에 떠 있는 거대한 배의 모습"을 상상시킨다. "낙타만큼 크다"라는 관용어는 몽골인에게 있어 거대한 물건이나 짐의 행렬을 비유적으로 이르는 말로 이는 바로 유목민의 정신사요 언어문화의 소산이라 할 수 있다.

낙타는 너무 높아!
Тэмээ ямар өндөр том амьтан юм бэ?

34 -р хичээл

낙타를 처음 보는 인표가 자신의 소감을 가이드와 나눈다.

Хөтөч : Тэмээг ойроос харахад ямар байна?
  Их сайхан том сүрлэг амьтан байгаа биз?
Ин Пё : Би анх удаа л ингэж ойроос харж байна.
  Тэмээ ямар том, өндөр амьтан юм бэ?
Хөтөч : Харин тэгээд манай говийн хүмүүс тэмээний өндрийг ёгтлон
  'Тэмээн дээрээс нар ойрхон' гэж хошигнодог юм.
Ин Пё : Яг л онож хэлж дээ. Нээрээ л тэмээ уначихвал нартай их ойртох нь ээ!.

◉ Шинэ үг

говь нутаг 고비지역

тэмээ 낙타

анх удаа 처음

ойроос харах 가까이에서 보다

том 크다

өндөр 높다

сүрлэг 우아하다

нар 해(태양)

говийн хүмүүс 고비 유목민

тэмээн дээрээс 낙타 위에서

нар ойрхон 해가 가깝다

хошигнох 농담하다

онож хэлэх 정확히 말하다

тэмээ унах 낙타 타다

ойртох 가까워지다

харин 그런데, 하지만, 하긴

가이드 : 낙타를 가까이에서 보니까 어떠세요?

정말 우람하고 키가 큰 동물이지요?

인　표 : 이렇게 가까이에서 보기는 처음이에요.

낙타는 몸집이 크고 다리도 길군요

가이드 : 그래서 우리 고비 유목민들은 낙타가 너무 높아서 '낙타를 타면 해님이 가깝다'고 말하기도 합니다.

인　표 : 적절한 표현이네요. 정말 낙타를 타면 해님이 가까워질 것 같아요!

◎• Тайлбар

✎ Тэмээн дээрээс нар ойрхон : 낙타를 타면 해가 가깝다.

✎ Яг л онож хэлж дээ : 적절한 표현이다.

✎ Харин тийм бололтой : 하긴 그런 것 같다.

✎ харин 그런데, 하지만, 하긴

두 문장을 연결하는 접속사로 쓰인다. 문장이 바뀔 때 또는 분위기를 전환할 때 많이 사용되며 상대방의 말에 긍정하는 표현으로도 사용된다.

би түүнд дуртай харин тэр нь надад дургүй
나는 그를 좋아한다. 하지만 그는 나를 좋아하지 않는다.

◑• Дүрэм

✎ 보조첨사 사용법

몽골어 문장은 'aa, л, л даа, даа², ч, ч гэсэн, биз, шүү, шүү дээ' 등의 보조첨사를 사용하여 요구, 확인, 주의 등 여러 감정의 양태의미를 나타낸다.

가. 「aa²」

(1) Та аль ангид сууж байв аа?
    당신은 어느 교실에 앉아 있었습니까?

(2) Бат хөдөөнөөс ирсэн байна аа.
    바트가 시골에서 왔구나.

(3) Оюутнууд маргааш цугларах нь ээ.
    학생들이 내일 모두 모이겠네.

(4) Энэ хоол үнэхээр амттай юм аа.
    이 음식 정말로 맛있구나.

[메모] aa는 모든 단어(동사, 명사 형태)의 뒤에 나타나 갑작스런 놀람 등의 감정을 나타낸다. 한편 구어체에서는 의문문의 의문첨사가 될 수 있다.

(5) 토야: Өнөөдөр Бат бид хоёр музей явна.
          오늘 바트와 둘이서 함께 박물관으로 간다.

    어머니: Өнөөдөр хаашаа явна аа?
            어디로 간다고?

나. 「л」

(1) Аав сонин уншиж л байна уу?
    아버지가 아직도 신문을 읽고 있니?

(2) Бат кино үзээд л байна.
    바트가 아직도 영화를 보고 있다.

[메모] 보조첨사 л은 문장에서 과거에 이루어진 동작, 행위가 현재 또는 미래에도 계속되는 의미를 나타낸다.

다. 「л даа」·「даа²」

(1) a. Би монгол хэлийг сурна л даа.
       나는 몽골어를 배울 수 있어.

    b. Би монгол хэлийг сурна даа.
       나는 몽골어를 꼭 배울 것이다.

가볍고 질겨 생산성 면에서 국내 소비재와 수출의 중요한 원료가 된다.

낙타젖에는 사람의 신체에 매우 중요한 200여 가지 영양소가 함유되어 있으며, 몽골의학서에 "낙타의 젖으로

만성병, 폐결핵을 치료해 왔다"고 기록되어 있다.

별들이 쏟아지는 고비 사막의 멋진 밤하늘!
Одод асгарах говь нутгийн шөнө.

35
-р хичээл

저녁이 되자 별들이 쏟아지는 고비사막의 멋진 밤하늘을 보고 감탄하는 인표

Ин Пё : Өнөөдөр ямар сайхан тогтуун орой вэ?

Хөтөч : Говьд өдөр нь хичнээн халуун байсан ч оройдоо их сайхан тогтуун байдаг.

Ин Пё : Говьд өөр онцлог сонин зүйл юу байдаг вэ?

Хөтөч : Та удахгүй од гарахаар нэг сайхан гайхамшиг үзэх болно.
Хэсэг хугацааны дараа

Ин Пё : Та нээрээ яг хэлжээ, од миний дээрээс асгарах мэт би яг сансарт байгаа юм шиг санагдаж байна.

Хөтөч : Үнэхээр сайхан байгаа биз?

Ин Пё : Үгээр илэрхийлэх юм биш. Би яг сансарт нисчихсэн юм шиг л санагдаж байна.

◉• Шинэ үг

ямар сайхан 정말 멋진	гайхамшиг 기적, 장관
тогтуун 잔잔하다	од гарах 별이 뜨다
халуун байх 덥다	одод асгарах 별들이 쏟아지다
онцлог 특징	сансар 우주
сонин 특이한	сансарт нисэх 우주에서 유영하다
удахгүй 곧	үгээр илэрхийлэх 말로 표현하다

인　표 : 오늘은 정말 고요하고 멋진 저녁이다!

가이드 : 고비 사막은 낮에는 더워도 저녁에는 아주 고요하고 멋있어요.

인　표 : 고비에서는 이외에도 다른 특별한 것이 또 있나요?

가이드 : 이제 어두워지면 밤하늘을 수놓은 환상적인 별들의 향연을 볼 수 있을거예요.

인　표 : 정말 그렇네요! 별들이 내 위에서 쏟아지는 것 같아요!

가이드 : 정말로 아름답죠?

인　표 : 말로는 표현할 수 없네요. 제가 우주에서 마치 유영하는 것 같이 느껴져요.

◉• Тайлбар

Одод асгарах говь нутгийн шөнө : 별들이 쏟아지는 고비사막의 멋진 밤 하늘

Ямар сайхан тогтуухан орой вэ! : 정말 멋진 밤이다!

Үгээр илэрхийлэх юм биш! : 말로 표현하기에도 부족하다

몽골어의 부정첨사

1. 명사류 부정

몽골어에서 명사류의 부정은 'үгүй, биш(бус) 등의 부정 첨사에 의하여 이루어진다.

    чамайг гэртээ үгүйг мэдээд би очсонгүй
    네가 집에 없는 것을 알고 나는 가지 않았다.

    хууль бусаар ажилаж байгаа хүн 불법으로 일하고 있는 사람

2. 동사류 부정

몽골어 부정문에서 동사류의 부정은 부정첨사 үл과 эс에 의해서 이루어진다. 명사류 부정첨사와는 달리는 통사구조상 항상 동사의 앞에 놓인다.

    энэ үгийг одоо үед үл хэрэглэнэ 이 낱말은 오늘날 안 쓴다.
    би шалгалт эс авахаар шийджээ 나는 시험을 안 보기로 결정했다.

◐• Дүрэм

✎ 보조첨사 사용법」

④ 「ч」· 「ч гэсэн」

(1) 학생들도 왔었다.

Оюутнууд ч ирсэн байсан.

Оюутнууд ч гэсэн ирсэн байсан.

(2) 일요일에도 쉬지 않는다.

Бүтэн сайнд ч амардаггүй.

Бүтэн сайнд ч гэсэн амардаггүй.

[메모] ч과 ч гэсэн은 둘 다 '～도'의 뜻을 나타내는 동일한 의미기능을 수행한다.

⑤ 「биз」· 「биз дээ」

(1) Туяа өнөөдөр сургууль руугаа явсан биз?

토야가 오늘 학교에 갔겠지?

(2) Одоо Бат гадуур зугаалж байгаа биз дээ.

지금 바트가 밖에 놀고 있겠지.

[메모] биз는 문장 끝에 나타나서 '확신' 과 '추정' 등의 의미를 가지며, биз дээ의 용법 역시 문장 끝에 나타나서 '뚜렷한 확신'의 의미를 갖는다. 이들 첨사들의 의미를 비교하면 биз는 청자로부터의 응답을 기대할 수 있는 반면 биз дээ는 반드시 청자의 응답을 요구하지는 않는다는 점에서 차이가 있다.

⑥ 「шүү」· 「шүү дээ」

(1) 나 (분명히) 백화점 갔다 왔거든.

Би дэлгүүр яваад ирсэн шүү.

Би дэлгүүр яваад ирсэн шүү дээ.

(2) 오늘 눈이 오지 않았거든.

Өнөөдөр цас ороогүй шүү.

Өнөөдөр цас ороогүй шүү дээ.

[메모] шүү/шүү дээ는 문장 끝에 들어와서 강조의 서법의미 또는 '긍정', '시인' 등의 의미를 나타난다.

(주의할 점) 일부 보조첨사의 경우 보조첨사와 그 앞에 오는 대등연결어미가 결합하여 발음 될 때 길게 발음되어 어미의 형태가 다음과 같이 변화되기도 한다. -ж/-ч + л = жил/-чил, -аад + л = аад^4(а^4)л. 이런 형태들은 오늘날 문자 메세지나 개인 메일 등에서 많이 쓰이고 있지만 공식 문서상에서는 그다지 많이 쓰지 않는다.

(1) Бат номоо үзэжил байна уу.

바트가 아직도 책을 보고 있니?

Соёл, зан заншил

몽골 남부의 고비 지역은 풀과 모래가 뒤섞인 반사막 지대로 목축이 가능한 곳이다. 고비 지역은 물과 초지가 좋지 않기 때문에 초지와 물을 찾아 10회 이상을 이동을 하기도 한다. 몽골 유목민들은 초지를 적절히 이용하기 위해 계절마다 정기적으로 이동을 하며 생활을 한다. 주로는 사계를 따라 영지를 바꾸어 생활을 하는데 봄 숙영지는 하와르자, 여름 숙영지는 조스랑, 가을 숙영지는 나마르자, 겨울 숙영지는 오월저라고 한다. 이동은 일반적으로 라마승에게 찾아가 문의하는 경우가 많으며 수, 목, 금요일, 24, 25, 26일에 이동한다. 예전에는 소나낙타에 짐을 싣고 이동을 했으나 최근에는 짚차나 트럭으로 이동하는 일이 많아졌다.

ХИЧЭЭЛ 12
인표의 여정이 울란바타르시를 향하다.

36 울란바타르에서 가장 가까운 '테렐지 관광지'
37 말을 타본 적이 있어요?
38 마유주(馬乳酒)를 마셔 보았다!

울란바타르에서 가장 가까운 '테렐지 관광지'
Улаанбаатараас хамгийн ойрхон жуулчны бааз бол Тэрэлж

36
-р хичээл

인표가 관광객들이 가장 많이 찾아가는 세 번째 명소 '테렐지 국립공원'에 도착했다.

Ин Пё :   Улаанбаатараас хамгийн ойрхон жуулчны бааз Тэрэлж гэж сонссон.

Хөтөч :   Тийм ээ, Улаанбаатараас 75 км, машинаар бол цаг гучин минутын зайтай газар.

Ин Пё :   Тэрэлж тэгээд юугаараа онцлог, алдартай газар вэ?

Хөтөч :   Хамгийн эхлээд эндхийн уул, хаднууд их өвөрмөц тогтоц хэлбэртэй. Та бидний өмнө харагдаж байгаа энэ хадыг Мэлхий хад гэж нэрэлдэг.

Ин Пё :   Харин тийм юм уу даа

Хөтөч :   Мөн манай орны дархан цаазат газрын нэг юм

Ин Пё :   Нээрээ л ийм сайхан байгальтай, өвөрмөц тогтоцтой энд жуулчид ирэх дуртай байх нь аргагүй л юм байна.

● Шинэ үг

алдартай 유명하다	дархан цаазат газар 국가보호지역
онцлогтой 특별하다	өөрийн гэсэн 자신만의
хамгийн ойрхон 제일 가깝다	өнгө төрх 특색
уул хад 산과 바위	энэ газар 이곳
өвөрмөц тогтоц 특이한 구조	ирэх дуртай 오기를 좋아하다
хэлбэр 모양	аргагүй 그럴 수 밖에 없다, 그럴만 하다

인　표 : 울란바타르에서 가장 가까운 관광지는 '테렐지'라고 들었어요.

가이드 : 맞아요, 울란바타르에서 75km 떨어진, 차로는 한시간 반밖에 안되는 거리에요

인　표 : 테렐지는 무엇으로 유명한 관광지인가요?

가이드 : 그곳에 위치한 산들과 바위들이 아주 특이한 모양이에요.
　　　　예를 들어, 우리 앞에 보이는 이 바위를 '거북 바위'라고 하지요.

인　표 : 어, 정말 그렇네요.

가이드 : 그리고 우리 나라 천연보호지역 중의 하나에요.

인　표 : 정말 이렇게 아름다운 자연과 특별함이 있는 이 곳에 여행객들이 많이 찾아오는 그 이유를 알
　　　　것 같아요.

◉• Тайлбар

✏ **гэж сонссон** : ～라고 들었다.

인용동사 **гэж(гэ+ж)**
직접 인용문 및 간접 인용문을 본 문장과 연결시키는 기능을 갖는다.
Маргааш бороо их орно гэж хэлсэн 내일 비가 많이 내린다고 말했어.

✏ **гэж нэрэлдэг** : ～라고 이름 붙이다(명명하다)

◉• Дүрэм

✍ 연결사 사용법

몽골어에서는 두 가지 이상의 단어와 문장을 연결시키는 기능을 갖는 다음과 같은 단어들이 있다.

가. 「ба」・「болон」

(1) Манай ангийн Бат болон Туяа хичээлээ сайн хийдэг.
    우리 학과의 바트와 토야가 공부를 열심히 한다.

(2) Монгол ба Солонгосын хамтын ажиллагаа олон талаар өргөжиж байна.
    몽골과 한국의 교류가 여러 분야에서 확대되고 있다.

(3) Би түүний ирсэн ба явсныг хараагүй.
    나는 그가 온 것과 간 것을 못 봤다.

(4) Туяагийн турсан ба Батын таргалсан хоёр яг тэнцэнэ.
    토야의 살이 빠진 것과 바트의 살찐 것이 똑같다.

[메모] 몽골어의 연결사는 예문 (1)과 (2)에서 보듯이 둘 이상의 주어를 하나의 서술어 (өгүүлэхүүн)로 연결할 때 사용한다. 또한 유사한 행동이나 상황이 동시에 일어날때 이를 연결해주는 기능을 갖는다.

나. 「бөгөөд」・「болоод」

(1) Тэр цэцэг гоё өнгөтэй бөгөөд бас сайхан үнэртэй.
    그 꽃은 고운 색깔과 아름다운 향기를 갖고 있다.

(2) Амьдрал урт бөгөөд сонирхолтой аялал шиг.
    인생은 길고 흥미로운 여행과 같다.

(3) Хүмүүнлигийн болоод нийгмийг хамарсан ажилд оролцож байх хэрэгтэй.
    인문과 사회를 아우르는 일에 참여할 필요가 있다.

(4) Дэлхийд олон үндэстэн байдаг бөгөөд тэд өөрийн болоод дэлхийн соёлыг
    улам бүр хөгжүүлж байдаг.
    세계에는 여러 민족들이 존재하며 각기 자신들의 문화 및 세계의 문화를 발전시키고 있다.

[메모] бөгөөд와 болоод는 문장에서 주로 두 개 이상의 문장을 연결시킬 때 많이 사용된다. 예문 (1)에서 보듯이 Тэр цэцэг гоё өнгөтэй. Тэр цэцэг сайхан үнэртэй라는 2문장을 бөгөөд로 연결하여 하나의 문장으로 만든 것이다. Болоод는 ба/болон과 같이 단어와 단어와 연결시키는 기능을 수행하며 또한 목적어, 한정어 등을 연결해 주는 기능을 갖는다.

다. 「буюу」

(1) Өнөөдөр 1 сарын 1 буюу шинэ оны эхний өдөр.
    오늘은 1월 1일이고 새해의 첫 날이다.

Соёл, зан заншил

테렐지 국립공원

테렐지는 자연이 창조한 독특한 걸작품 바위 산과 드넓고 아름다운 초원, 그리고 강이 조화를 이루는 아름다운 관광지이다. 몽골을 방문하는 여행객이 필코스로 여기는 곳이며, 몇번이나 방문하는 관광객들도 두세번씩 찾게 될만큼 자연경관이 아름다운 명소이다.

테렐지 관광지에서 바위산의 계곡을 따라 흐르는 냇물을 보며 1–2시간 정도의 승마를 즐길수 있으며, 공원내 숲속에서 각종야생화와 여러가지 많은 들꽃들이 피어 아름다운 장관을 연출한다.

이 곳에서 보는 거북바위는 자연의 걸작품이며, 특이한 것은 햇빛의 방향에 따라 다양한 색깔을 연출하는 자연의 창조한 거대한 걸작품이다. 또한 테렐지 관광지의 다른 매력은 공룡공원을 돌아보고 전통가옥 게르 호텔에서 아이락(마유주), 타락(요구르트), 뱌슬락(버터) 등의 다양한 몽골 유제품을 맛 볼 수 있다는 점이다.

말을 타본 적이 있어요?
Та морь унаж үзсэн үү?

37 -р хичээл

'말을 타본 적이 있는지' 를 인표에게 묻는 가이드

Хөтөч : Та морь унаж үзсэн үү?

Ин Пё : Манай оронд морь унаж үзэх боломж ховор.

Гэхдээ би нэг удаа морь унаж үзсэн юм байна.

Хөтөч : Бидний хувьд морь унаж үзээгүй хүн харин ховор байх шүү.

Ин Пё : Тэгвэл Та хир зэрэг морь унадаг вэ?

Хөтөч : Би хотын хүн болохоор тийм сайн биш л дээ.

Гэхдээ Монгол хүн морь унаж чадахгүй гэвэл алдас болно.

Ин Пё : Тийм байх шүү. Монгол хүмүүс мориороо дэлхийг эзэлж байсан

улс орон шүү дээ.

◉• Шинэ үг

морь 말	хотын хүн 도시 사람
морь унах 말 타다	тийм сайн биш 그다지 잘 못한다
унаж үзэх 타 보다	алдас болох 큰일 나다
боломж ховор 기회가 없다	дэлхийн тал 세계의 절반
бидний хувьд 우리로서는	эзлэх 정복하다
хир зэрэг 얼마나	

가이드 : 혹시 말을 타본 적이 있어요?

인　표 : 우리 나라에서는 말을 타볼 기회가 별로 없어요.

　　　　　예전에 한번 타본 적이 있어요.

가이드 : 우리는 반대로 말을 안타본 사람이 드물 거예요.

인　표 : 그러면 가이드는 말을 얼마나 잘 타는 지요?

가이드 : 저는 도시 사람이라서 잘 타는 편이 아니에요.

　　　　　그렇지만 몽골 사람으로서 말을 못 탄다고하면 안되겠지요.

인　표 : 그렇군요. 몽골은 기마로 세계를 정복한 국가이니 말이죠

◎• Тайлбар

✎ морь унаж үзсэн үү? : 말을 타본 적이 있어요?

✎ Тэгвэл чи хэр зэрэг морь унадаг вэ? : 그러면 당신은 어느 정도 말을 탈 줄 압니까?

✎ нэг удаа 한 번

몽골어의 기본수사와 서수사

1. -дахь -дэх -дох

몽골어의 서수사는 기본수사에 -дугаар -дүгээр를 연결하여 서수사를 만든다. 또한 -дахь -дэх -дох로 서수사를 만들기도 한다. 한국어의 '〜째'에 대응한다.

　　　Чи Монголд хэд дэх удаа ирж байна вэ? 너는 몽골에 몇 번째 오는 거니?

　　　би хоёр дох удаа ирж байна 나는 두 번째 오는 거야

●• Дүрэм

연결사 사용법

라. 「харин」· 「гэвч」· 「гэтэл」

(1) Би сургууль руу явж, харин ээж гэртээ үлдсэн.
　　나는 학교로 가고, 어머니는 집에 남으셨다.

(2) Туяа олон өдөр хичээлээ хийсэн. Гэвч шалгалтандаа тэнцээгүй.
　　토야는 여러 날 공부를 했다. 하지만 시험에 합격하지 못 했다.

(3) Бат гэр лүүгээ явж байлаа. Гэтэл өөдөөс нь олон морьтой хүн гарч ирэв.
　　바트는 집으로 가고 있었다. 그런데 앞에서 (갑자기) 많은 말을 가진 사람이 나타났다.

[메모] 몽골어 харин은 '그러나', '하지만'의 의미로, гэвч는 '그렇지만', гэтэл은 '그런데' 등의 의미로 옮길 수 있으며, 상반된 행위나 결과가 다른 두 문장을 연결할 때 쓰인다.

그리고 몽골어 문장에서 гэвч로 연결되는 문장을 보조첨사 ч로, гэтэл로 연결되는 문장을 한계 연결어미 -тал⁴로 바꾸어 쓸 수 있으며, 바꾸어 쓸지라도 의미는 변하지 않는다. 예를 들면:

(1) 내가 요즘에 일이 많아도(많다. 하지만) 영어를 배우고 있다.

　　Би ойрд ажил ихтэй. Гэвч англи хэл сурч байна.

　　Би ойрд ажил ихтэй ч англи хэл сурч байна.

(2) 토야가 학교로 빨리 갔지만 아무도 없었다.

　　Туяа сургууль руугаа яаран очсон. Гэтэл хэн ч байхгүй байлаа.

　　Туяа сургууль руугаа яаран очтол хэн ч байхгүй байлаа.

마. 「эсвэл」· 「эсхүл」

(1) Чи ном унших уу, эсвэл хөгжим сонсох уу?
　　당신은 책을 읽겠습니까? 아니면 음악을 들으시겠습니까?

(2) Кофе уух уу?, эсхүл цай уух уу?
　　커피 마시겠습니까? 아니면 차를 마시겠습니까?

(3) Бат одоо номын санд эсвэл сургууль дээр байх цаг.
　　바트는 지금 도서관 아니면 학교에 있을 시간이다.

[메모] эсвэл과 эсхүл은 의미상의 차이는 없으며, 서로 다른 것에 대해서 이야기 할 때 사용한다. 그리고 эсвэл과 эсхүл을 юм уу로 대체해서 비슷한 의미로 사용할 수 있다.

(4) a. Кофе уух уу?, эсхүл цай уух уу?
　　　커피 마실까? 아니면 차를 마실까?

　　 b. Кофе юм уу цай уух уу?
　　　커피나 차를 마실까?

Соёл, зан заншил

몽골 말의 특성 및 말 타는 방법

말은 매우 영리하며 자기가 처음 태어난 곳, 처음 물을 마신 곳을 기억하고 찾아올 수 있는 놀라운 회귀성을 가지고 있어 몽골 사람들이 가장 사랑하며 소중히 여기는 동물이다.

말의 수명은 평균 25년이며, 200~400kg 무게를 견딜 수 있다. 그리고 몽골 말은 초원에서 야생의 상태로 지내기 때문에 인내심이 강하며 더위와 영하 35도의 추위를 잘 견디는 편이다. 겨울에 발굽으로 눈을 헤치고 마른 풀이나 나뭇잎 등을 찾아 뜯어먹는다.

말은 양물(陽物)이기 때문에 사람이 말의 오른편에 서면 고개를 흔들어 받는 경우가 많다. 그리고 말은 오른쪽에서 타는 사람을 싫어한다. 때문에 말을 탈 때에는 말의 왼쪽에서, 사람은 왼 발을 올려놓는 순서로 타야만 말이 잘 따른다.

마유주(馬乳酒)를 마셔 보았다!
Айраг ууж үзсэн нь

인표에게 말을 타보기도 하고 또한 마유주도 마셔 보기를 제안하는 가이드

Хөтөч : Ин Пё тэгвэл хоёулаа энэ адуутай айлаар буугаад морь унаж бас айраг ууж үзэх үү?

Ин Пё : За тэгье. Энэ олон морьд дундаас ч унаад үзмээр л байна шүү. Харин айраг гэж юу вэ?

Хөтөч : Айраг гэдэг нь манай цагаан идээний нэг төрөл.

Ин Пё : Аан тэгвэл сүүн бүтээгдэхүүн байх нь ээ.

Хөтөч : Яг зөв, эхлээд чи уж болох нь уу үгүй юу нэг амсаад үз. Бидэнд бол амны цангаа тайлдаг сэнгэнэсэн сайхан ундаа юм.

Ин Пё : Өмнө нь уж үзээгүй болохоор их өвөрмөц сонин амттай юм байна. Гэхдээ мэдэхгүй ундааг багахан уусан нь дээр байх аа.

◉ Шинэ үг

адуу 말무리, 말떼	нэг төрөл 일종
адуутай айл 말 유목민	амны цангаа 갈증
буух 내리다	цангаа тайлах 갈증을 풀다
айраг уух 마유주를 마시다	сэнгэнэсэн 산뜻한
ууж үзэх 마셔 보다	ундаа 음료
өвөрмөц амт 특이한 맛	өмнө нь 그 전에
цагаан идээ 유제품	багахан 조금만
сүүн бүтээгдэхүүн 우유로 만들어진 제품	дээр байх ~보다 낫다

가이드 : 인표씨, 그럼 우리 이 말들의 주인 집에 잠깐 들러서 말도 타보고 또한 '마유주(馬乳酒)'도
마셔볼까요?

인　표 : 네, 말들을 보니 타보고 싶네요.
그런데 '마유주'가 뭐예요?

가이드 : '마유주'는 우리 유제품의 일종이에요.

인　표 : 아 그러면 우유로 만들어진 것인가요?

가이드 : 네, 맞아요. 먼저 입맛에 맞는지 한번 맛을 보세요.
우리에게는 갈증을 풀어주는 청량 음료랍니다.

인　표 : 전에 한번도 마셔본 적이 없는데 아주 특이한 '맛'이네요.
하지만 잘 모르는 음료를 조금만 마시는 것이 나을 것 같아요.

◉ Тайлбар

Айраг уудж үзэх үү? : 마유주를 마셔 보시겠어요?

Айраг бол цагаан идээний нэг төрөл : 마유주는 유제품의 일종이다.

амсаад үз 맛을 보세요

동사어간 + аад4

동사어간에 -аад를 접속하여 선행 동작이 끝나고 그후에 다른 동작이 순차적으로 일어남을 나타낸다. -аад(-ээд, -оод, -өөд)를 모음조화 법칙에 따라 연결한다. 한국어의 "-아/어, -아/어서, -고" 등의 어미와 대응된다.

хоолоо идээд гэрлүүгээ явсан 식사를 하고서 집으로 갔다.
сонин уншаад сургууль руугаа явсан 신문을 읽고 학교로 갔다.

Дүрэм

부정첨사와 금지첨사의 사용법

1. 부정첨사 「эс」·「үл」

(1) Бат Туяагаас маргааш ажилтай эсэхийг лавласан боловч эс дуугарав.

바트는 토야에게 내일 일이 있는지 물어 봤지만 대답하지 않았다.

(2) Алга дарам газрыг ч харьд үл өгтүгэй.

손바닥 만한 땅이라도 외국에 내주어서는 안 된다.

[메모] 몽골어의 부정첨사 эс와 үл은 고전 몽골문어에서는 주로 시상과 서법의 차이에 따라 기본적으로 의미 차이를 수반하였지만 현대몽골어에서는 사용 범위가 축소되어 일부의 관용적인 표현을 제외하고는 부정표지의 기능을 살실하게 되었다. 따라서 구어체에서는 많이 쓰이지 않게 되었지만 문어체에서는 많이 사용된다. 현대몽골어에서는 어울림의 제약이 따르게 되어 항상 동사류의 앞에 놓여 '～지 않다'의 부정의 의미를 나타낸다.

2. 금지첨사 「бүү」·「битгий」

(1) Багш чамайг 12 хүртэл битгий яваарай гэсэн шүү.

교수님이 너를 12시까지 가지 말라고 말씀 하셨단다.

(2) Хүйтнээс бүү ай, дулаахан хувцас өмсөхөд л болно шүү дээ.

추위를 무서워하지 마, 따뜻한 옷을 입으면 괜찮다.

[메모] 현대몽골어의 금지첨사 бүү와 битгий는 통사구조상 항상 명령·원망형 동사의 앞에 놓여 '～지 말다'의 의미를 갖는 금지문을 이룬다.

(3) Хичээлийн дундуур битгий яриад бай.

수업 중에 이야기 하지 마라.

3. 명사류 부정 「биш」·「үгүй」

(1) Энэ ном биш, тэмдэглэлийн дэвтэр.

이것은 책이 아니라 공책이다.

(2) Би оюутан биш.

나는 학생이 아니다.

[메모] 몽골어의 명사류 부정첨사 биш는 일반적으로 명사류의 뒤에 붙어 유정물과 무정물의 특질을 부정하는 의미적 관계를 형성한다.

「үгүй」

(1) Туяа хэлзүйн номгүй гэнээ.

토야에게는 문법 책이 없다고 합니다.

Соёл, зан заншил

마유주는 몽골의 8대 음식 중의 하나로 흰색의 종교적 의미때문에 칸이나 귀족들의 접대, 연회나 축제, 대원정시, 주요한 강 및 엉곤(성스러운 聖物)에 대한 제사 등에 반드시 마유주를 사용하였다.

마유주는 게르 문 옆이나 가죽부데에 젖통을 놓아두고 하루 여덟 차례 짠 말젖을 그가죽부대에 넣고 오가면서 일삼아 나무 막대기로 휘젓고 발효시키는 방법으로 만든다. 1만 5천번 가량을 휘저으면 이때 산소가 공급되어 마유주가 되는데 1만8천번을 저으면 질좋은 마유주가 된다.

지역마다 자라는 풀과 특성이 서로 다르기 때문에 마유주의 맛은 집집마다 제각기이며, 가장 품질이 좋은 마유주는 아르항가이道, 불강道에서 생산된다.

마유주는 폐병 치료에 효과가 있다. 비타민 A, B, C 등을 함유하고 있으며, 병원체 미생물의 성장과 증식을 억제하고 특히 폐와 위질환에 포함이 있고 신경작용을 활성화하며, 또 식욕과 소화력을 증진시킨다.

ХИЧЭЭЛ 13

인표가 다시 울란바타르시에 여정을 풀었다

39 '청진 벌덕' 대형 동상과 칭기스 칸 채찍
40 유제품 요양원 방문
41 몽골 게르에서 주인은 어느 쪽에 앉아야 하나요?
42 여행 재미 있었니?
43 저에게 가장 인상적인 것은 ....
44 몽골 사람들은 정말 친절한 것 같다

'청진 벌덕' 대형 동상과 칭기스 칸 채찍
Цонжин болдогын хөшөө буюу Чингисийн ташуур.

39
-р хичээл

'청진 벌덕'이라는 칭기스 칸의 대형 동상을 구경하러 온 인표

Ин Пё : Ямар сайхан сүрлэг хөшөө вэ?

Хөтөч : Цонжин болдогийн гэсэн нэртэй Чингис хааны хөшөө л дөө.

Ин Пё : Тэгвэл энэ хавь түүхт газар байх нь ээ?

Хөтөч : Тийм ээ, Цонжин болдог гэсэн үг Чингисийн ташуур гэсэн утгатай
үг юм байна лээ.
Чингис хаан энэ хавьд байлдаж явахдаа ташуураа гээгээд тэр цагаас
хойш энэ газрыг Цонжин болдог гэгж нэрлэх болсон гэдэг.

Ин Пё : Аан их утга учиртай түүхт газар юм байна. Тэгэхдээ энэ хөшөө
чанх урагшаа биш зүүн тал руу харж зогссон байх юм. Ямар
учиртай юм бол?

Хөтөч : Та их зөв асууж байна. Энэ хөшөөг Чингис хаан өөрийн төрсөн
нутгийн зүг харж байгаагаар барьсан юм.

Ин Пё : Их өндөр юм аа, дээшээ хичнээн метр өндөр юм бол?

Хөтөч : Морь уначихсан болохоор бүр их өндөр харагдаж байгаа байх.
Дээшээгээ 40 метр, орон сууцаар бараг 15 орчим давхар байр байх шүү.

Шинэ үг

сүрлэг 웅장하다	нэрлэх 일컫다	өндөр 높다
хөшөө 동상	утга учиртай 깊은 의미가 담긴	харагдах 보이다
Чингис хаан 칭기스 칸	чанх 곧바로	орон сууц 아파트
түүхт газар 역사지	зүүн тал руу 동쪽으로	давхар 층
ташуур 채찍	зөв асуух 정확하게 묻다	урагшаа 남쪽으로
байлдах 전쟁하다	өөрийн 자신의	
ташуур гээх 채찍을 잃다	төрсөн нутаг 고향	

인　표 : 정말 멋지고 웅장한 동상이네요?

가이드 : '청진 벌덕'라는 칭기스칸 대형 동상이에요.

인　표 : 그럼 이 지역이 역사유적지 인가요?

가이드 : 네, '청진 벌덕'이라는 지명은 '칭기스 칸의 채찍'라는 뜻이에요.

　　　　칭기스 칸이 이 지역에서 부족통일 전쟁을 하다가 채찍을 잃어버렸는데 그 이후로 '청진 벌덕'
　　　　이라고 부르게 되었답니다.

인　표 : 아! 그럼 참 깊은 의미가 담긴 역사유적지 이네요. 그런데 동상이 남쪽이 아니라 동쪽을 향해
　　　　세워졌네요. 어떤 이유에서입니까?

가이드 : 정확하게 물어보시네요.

　　　　이 동상은 칭기스 칸이 자신의 고향을 향해 바라보는 형태로 세워졌어요.

인　표 : 아주 높아 보이네요, 높이가 얼마쯤 되나요?

가이드 : 말을 탄 동상이라서 더 높아 보일 수 있어요.

　　　　아마 위로 40m 정도, 아파트로 치면 거의 15층 건물높이일 거에요.

●• Тайлбар

Ямар учиртай юм бол? : 어떤 이유에서입니까?

ямар(어떤, 무슨)
사물이나 삶의 성질, 특성, 종류 등을 물을 때 사용된다.
　　ямар үнэтэй вэ? 얼마입니까?
　　ямаршүү хүн бэ? 어떤 인품의 사람입니까?

дээшээ хичнээн метр өндөр юм бол : 높이가 얼마쯤 됩니까?

○• Дүрэм

✎ 후치사의 사용법

1.「мэт, шиг」와 '–처럼, –만큼'
몽골어의 후치사 'мэт, шиг, адил' 은 한국어의 '처럼'과 '만큼' 및 '만치'에 상응하며 서로 같거나 비슷한 대상을 견주는 정도 비교 부사어를 이룬다. 주로 '명사구 + мэт, шиг + 피수식어' 형식으로 이루어진다.

a. 이 애가 저 아이 (처럼, 만큼) 크다.

   Энэ хүүхэд тэр хүүхэд (мэт, шиг) том.

b. 그 아이는 어른처럼 말한다.

   Тэр хүүхэд том хүн (мэт, шиг) хэлдэг.

이들 후치사구는 서로 같은 비교 대상들을 나타내어 뒤따르는 피수식어의 서술 정도를 같은 수준으로 한정하는 구실을 보인다.

a. 그의 이상은 바다만큼 크다.

   Түүний мөоөөдөл далай шиг уудам.

b. 그는 그림을 화가처럼 (잘) 그린다.

   Тэр зургийг зурагчин шиг зурдаг.

'명사구 + (과, 하고)' 형태의 부사류어도 비교 대상을 나타내는 것은 마찬가지인데, 결합될 수 있는 용언이 '같다, 다르다' 따위로 한정되어 있다. 이것은 몽골어 '명사구 +тай⁴' 형태에 상응하며 마찬가지로 결합될 수 있는 용언에는 'адил, ойролцоо, өөр' 등으로 한정된다.

a. 이 책은 저 책과 크기가 비슷하다.

   Энэ ном тэр номтой хэмжээ нь ойролцоо.

b. 그러나 저 책은 그 책하고 다르다.

   Гэхдээ тэр ном тэр номоос өөр.

2.「илүү」와 '보다 (더/덜)'
몽골어의 후치사 'илүү' 는 한국어의 '보다 (더/덜)'에 상응하며 서로 다른 것들을 견주는 비교 정도 부사어를 이룬다. 주로 '명사구 + илүү + 피수식어' 형식으로 이루어진다.

a. 저 책이 이 책보다 (더) 낫다.

   Тэр ном энэ номоос (илүү) дээр.

b. 그 꽃은 장미보다 더 아름답다.

   Тэр цэцэг сарнайнаас илүү үзэсгэлэнтэй.

Соёл, зан заншил

칭기스칸 대형 동상

울란바타르시에서 동쪽 방향으로 1시간 정도 가면 '청진 벌덕' 칭기스칸이 말을 탄 대형 동산과 전망대가 서 있다. 본 칭기스칸 대형 동상의 높이는 약 40m 정도 되며, 세계 최대 높이의 동상이다. 또한 본 대형 동상은 칭기스 칸이 자신의 고향을 향해 바라보는 형태로 지어졌으며, 말의 꼬리에서부터 엘리베이터를 이용해 몸체 부분을 통과하여 말의 머리 부분까지 올라갈 수 있다. 그리고 '청진 벌덕' 말의 의미는 '칭기스 칸의 채찍이'라는 뜻이다. 칭기스 칸이 이 지역에서 몽골 부족통일 전쟁에서 자신의 황금 채찍을 잃어버린 연유에서 그후로 '청진 벌덕'이라고 부르게 되었다.

유제품 요양원 방문
Гүүний саамны сувилал

유제품을 일반 음식이 아닌 건강식품으로도 먹는다는 것을 알게 된 인표

Ин Пё : Энэ ямар газар вэ?

Амралтын газар юм шиг мөртлөө гаднаа их олон морь байх юм?

Хөтөч : Бид "Гүүний саамны сувилал"-ын газар ирчихсэн байна.

Танд сонин байх болов уу гэж бодоод замд байхаар нь түр буусан юм.

Ин Пе : Аан за. Гүүний саам гэж яг юу юм бэ? юу эмчилдэг юм бэ?

Хөтөч : Манайд дөнгөж саасан гүүний сүүг элэг, цөс муутай хүмүүс уувал их сайн гэдэг.

Зун болохоор "Гүүний саамны сувилал"-ын газар хүн ихтэй, хөл тасарна гэж байхгүй.

Ин Пё : Тэгэхээр гүүний сүүг айраг болгохгүйгээр бүр халуун дээр нь уудаг байх нь ээ.

Хөтөч : Ер нь заавал гүүний саам гэхгүй өөр бусад цагаан идээг ч эмчилгээнд ашигладаг.

Өөрөөр хэлбэл Цагаан идээ бол Монгол хүмүүсийн эрүүл мэндээ сэргээх амин дэм юм.

Шинэ үг

амралтын газар 휴양지	цөс 쓸개
Гүүний саамны сувилал 유제품 요양원	хөл тасрах 발길이 끊기다
сонин байх 흥미롭다	айраг болгох 마유주를 만들다
түр буух 잠깐 내리다	халуун дээр нь уух 뜨거을 때 마시다
эмчилэх 치료하다	цагаан идээ 유제품
элэг 간	ашиглах 활용하다
эрүүл мэнд 건강	амин дэм 건강식품
сэргээх 회복시키다	

인　표 : 여기는 어디에요? 휴양지인 것 같기도 한데 말들이 많이 있군요?

가이드 : 우리는 '말젖 요양원'에 왔어요. 특별한 체험일 것 같아서 돌아가는 길에 잠깐 들른 거예요.

인　표 : 아 그래요. '말젖'이 어떠한 효능이 있는 겁니까?

가이드 : '말젖'을 짜서 나온 우유를 간이나 쓸개가 나쁜 사람들에게 먹이면 효과가 아주 좋답니다. 여름
이 되면 '말젖 요양원'에 찾아오는 사람들이 많지요.

인　표 : 그럼 마유주로 마시는 것이 아니라 젖을 짜서 바로 마신다는 거예요?

가이드 : 네, 일반적으로 '말젖'뿐만 아니라 다른 유제품도 성인병 치료에 많이 활용합니다.
달리 말하면 유제품은 몽골 사람들의 건강을 회복시켜주는 건강식품이랍니다.

Тайлбар

✎ хөл тасарна гэж байхгүй : 발길이 끊기지 않다

✎ Ер нь заавал... гэхгүй : 일반적으로 ...뿐만 아니라

✎ олон(많다) 의 유의어

их байна, олон байна
их олон байна, элбэг байна
арвин байна

Дүрэм

✏️ 명령 · 원망법어미

2) 2인칭 종결어미

화자가 동사로 나타내는 행위를 2인칭에게 수행시키기 위한 명령, 허용, 요청, 존대호소 등의 양태관계를 가리키는 'Ø(영형태 어미), '-аарай⁴, -аач⁴, -гтун², -уузай²' 등의 어미를 2인칭 종결어미라 한다.

① 「-аарай⁴」

몽골어 '-аарай⁴'에 대응하는 한국어 '-십시오'은 아주높임의 등급을 지닌 청자를 대상으로 명령 · 원망법을 실현하는 경우에 사용되는 문장종결형이다. 이 형태는 'ㅂ시오'에 주어를 대우하는 선문말어미 '-시-'를 선행시킨 형태인 '-십시오'로 실현되고 있다.

a. Аавдаа ачтай, ээждээ тустай сайн хүн болоорой.

a'. 부모님께 효도하는 착한 사람이 되거라.

b. За нөхөд минь, ажлаа хурдан хийгээрэй.

b'. 자 여러분들 어서 일을 시작합시다.

c. Хүү минь, үүнийг ахдаа дөхүүлээд өгөөрэй.

c' 얘야, 이것을 형이 가는 데까지 좀 들어 주렴.

d. Тансаг идээнээс минь зооглоорой.

d'. 맛있게 드십시오.

종결어미 '-аарай⁴'는 허락명령, 충고명령, 명령희망, 요청희망, 권유희망 등 다양한 양태의미를 띤 형태로 분석되며, 대응하는 한국어 종결어미형으로 '-거라', '-오', '-렴', 'ㅂ시오' 등의 다양한 형태로 나타난다.

[주의할 점] '기원', '요구', '청탁', '권유'의 양태의미를 각각 띠는 것으로 설명하지만 이는 종류의 차이라기 보다는 정도의 차이를 갖는 양태의미라고 보는 편이 더욱 타당하다.

② 「-аач⁴」

몽골어 '-аач⁴' 어미는 2인칭 직접 명령의 영형태와 결합한 동사 다음에 온 'чи (та)' 라는 2인칭 단수 (복수) 대명사가 담화과정에서 생긴 '-аа⁴'의 부가 음소와 결합해 형성되었다

'-аач⁴'이 나타내는 양태의미는 지시 및 지시희망, 희망 욕구, 요청희망 및 요구지시, 요구희망, 단호한 요구, 2인칭탄원형 등으로 다양하게 정의되어 왔으며, 화자가 청자에게 주로 '요구'나 '지시'의 화행을 나타냄을 예측할 수 있다. 그리고 동사어간의 형태로 표현되는 명령문에 비하여 다소 부드러운 요구의 화행을 이룸을 알 수 있다.

a. Хурдан яваач.

a'. 어서 좀 가.

b. Аав ээждээ туслаач.

b'. 부모님 좀 도와 드려.

Соёл, зан заншил

유제품의 질병 치료 및 기능

몽골은 오래전부터 생업 가축 소, 양, 염소, 말, 낙타 등의 젖을 짜왔으며, 젖은 동물의 종류에 따라 소젖, 양젖, 염소젖, 말젖, 낙타젖으로 각각 불린다. 젖은 영양식품일뿐만 아니라 질병을 치료하는데 큰 역할을 해왔다.

소젖은 소화촉진, 피의 생성, 자궁의 열창 등 의학적인 효능이 있다고 알려져 있으며, 방금 짠 따뜻한 젖이나 혹은 그것을 약간 끓여 마시면 건강에 매우 유익하다고 한다.

몽골의 양은 들판에서 많은 종류의 풀들을 먹기 때문에 젖의 농도가 짙고 기름지며, 유목민들은 여러 종류의 유제품이나 음료를 만든다. 몽골 전통 의학에서는 양젖이 "맛있고 기름지며 무겁고 따뜻한 성질을 가지고 있으며 바로 짠 양젖은 괴혈병을 치료하는 탁월한 효능을 가지고 있다"고 기록되어 있다.

염소는 들판이나 경사가 심한 곳 혹은 계곡에서 상하좌우로 음직여서 많은 종류의 풀들을 먹지만 물을 적게 마시기 때문에 젖의 농도는 양에 비해 매우 엷을 뿐만이 아니라 젖의 질도 약간 거칠다. 그러나 일반적으로 염소젖은 허약한 체력을 보강해 주고 내장기관을 보호하는 능력이 있다고 알려져 있으며, 민간 의학에서는 염소젖을 장티푸스나 황달의 치료약 및 혈전용해제로 사용하고 있다. 또한 호흡이 고르지 않을 때, 어깨가 시릴때, 배가 더부룩하고 아플 때, 신장에 통증이 있을 떼에도 염소젖을 마시면 효과가 있다고 한다.

말젖은 유제품을 대표하는 식품중의 하나이며, 말젖을 발효시켜서 주로 마유주를 만든다. 몽골 사람들은 마유주를 허약한 몸을 튼튼하게 해주는 보약과 비유한다.

말젖은 영양이 풍부하고 따뜻한 성질을 지니고 있으며, 몽골의 민간 의학에서 말젖을 위장과 폐를 강화시키는 효능이 있어 건강에 매우 보탬이 된다. 또한 병원체 미생물의 성장과 증식을 억제하고 특히 신경작용을 활성화하며, 또 식욕과 소화력을 증진시킨다.

황달이나 결핵 및 수족떨림의 치료약으로 사용하고 있다.

낙타젖은 양젖처럼 농도가 짙으며, 영양가도 높아서 다른 동물의 젖에서 찾아볼 수없는 독특한 성분이 있다. 따라서 열량도 말젖과 소젖보다 높은 편이다.

일반적으로 낙타젖은 결핵을 비롯한 모든 종류의 만성병을 치료하고 소화기관과 호흡기관을 강하게 해주는 효능이 있다고 알려져 있으며, 몽골 의학서에는 낙타젖이 "기운을 상승시켜 자궁의 종양과 치질을 치료한다. 또 혈전을 예방하며 기생충도 구제한다"고 기록되어 있다.

몽골 게르에서 주인은 어느 쪽에 앉아야 하나요?
Монгол гэрт гэрийн эзэн нь хаана суудаг вэ?

41
-р хичээл

몽골 전통가옥 '게르'에 들어와 친절한 주인의 설명을 열심히 듣는 인표

Хөтөч :   Та сайхан зусаж байна уу? .

Малчин : Сайхан, сайхан. Та нар сайн явж байна уу?
Дээшээ сууцгаа. Цай ууж идээ амс.

Хөтөч :   Энэ хүн Монгол гэрээр орж үзмээр байна гээд танайхаар буулаа л даа

Малчин : За тэгээд аялал сонирхолтой юу, хүүхээ!

Ин Пё :   Сайхан аялаж явна. Та надад Монгол гэрийн тухай тайлбарлаж өгөөч

Малчин : Эхэлж сонирхуулахад гэр барихдаа гэрийн хаалгыг ямар ч
тохиолдолд зөвхөн урагшаа харуулж барьдаг. Мөн гэр дотроо
баруун, зүүн, хойд гэсэн гурван хэсэгт хуваагддаг. Хойд буюу
миний сууж байгаа энэ хэсэг бол гэрийн хоймор.
Энд зөвхөн гэрийн эзэн л суудаг.

Ин Пё :   Тэгвэл гэрийн эзэгтэй нь ?

Малчин : Гэрийн эзэгтэйн суудал бол гэрийн зүүн талд, гал тогооны хэсэгт байдаг.
Гэрийн баруун тал буюу таны сууж байгаа хэсэгт айлчин гийчин л
суудаг юм

Ин Пё :   Та их ойлгомжтой сайхан тайлбарлаж өглөө. Танд их баярлалаа.

● Шинэ үг

сайхан зусах 여름을 잘 지내다	гэрийн хоймор 게르의 상석	баруун хэсэг 오른쪽 부분
цай уух 차 마시다	гэрийн эзэн 게르 주인	зүүн хэсэг 왼쪽 부분
идээ амсах 음식을 맛보다	гэрийн эзэгтэй 게르의 안주인	суудал 자리
гэр барих 게르를 짓다	урагшаа харуулах	гал тогооны хэсэг 부엌
гэрийн хаалга 게르 문	남쪽을 향하다	айлчин гийчин 손님
хойд хэсэг 북쪽 부분	гэр дотор 게르 내부	

가이드 : 여름 잘 지내고 계시지요?

유목민 : 네, 여러분의 여행길도 평안하시죠?

가이드 : 외국인이 몽골 '게르'에 들어가보고 싶다고 해서 귀 댁에 오게 되었습니다.

유목민 : 아 그랬군요! 여행은 재미 있습니까?

인　표 : 네, 여행 즐겁게 잘 하고 있습니다. 저에게 몽골 게르에 대해 설명해 주세요.

유목민 : 먼저 '몽골 게르의 문은 항상 남쪽을 향하도록 집을 짓습니다. 그리고 게르의 내부는 오른쪽, 왼쪽, 북쪽의 3공간으로 나누며, 북쪽인 현재 내가 앉아 있는 이 자리는 상석이에요. 여기에는 오직 집 주인만 앉습니다.

인　표 : 그러면 여자는 어느 쪽에 앉습니까?

가이드 : 집안의 여성은 게르 왼쪽 자리, 즉 부엌이 있는 부분에 항상 앉습니다.
그리고 게르의 오른쪽, 현재 앉아 있는 그 자리는 손님이 앉으시는 자리에요.

인　표 : 정말 쉽게 이해할 수 있게 설명해 주셔서 감사합니다.

◉ Тайлбар

✎ **Сайхан зусаж байна уу?** : 여름을 잘 보내고 계시지요?

계절 인사말 표현

сайхан хаваржиж байна уу? 봄 잘 보내고 계십니까?

сайхан намаржиж байна уу? 가을 잘 보내고 계십니까?

сайхан өвөлжиж байна уу? 겨울 잘 보내고 계십니까?

✎ **цай ууж идээ амсах** : 차를 마시고 음식을 맛보다

✎ **Дээшээ суу** : 위로 앉으세요

✎ **Аян замдаа сайн явж байна уу?** : 여행길은 평안하시지요?

◎• Дүрэм

✎ 명령 · 원망법어미

③『-гтун²』

'-гтун²'은 몽골어의 명령 · 원망법어미 중 청자를 가장 높여 대우하는 상대경어법에 나타나는 형태로서, 전통적인 분류는 서법어미에 따라 존경명령, 존경희망, 권고희망, 공손한 요청, 2인칭 공손형 등으로 학자에 따라 다양하게 정의되어 오고 있다.

a. Өнөөдөр бор гэрт минь тухлагтун.
   누추하지만 오늘 우리 집에서 주무십시오.

b. Дээшээ морилогтун.
   안쪽으로 앉으십시오.

c. Та бүхэн орж сонирхогтун.
   여러분, 들어가셔서 구경하십시오.

한편, 명령 · 원망법어미 '-гтун²'은 청자를 존대하면서도 그 본질은 명령의 화행을 구성하기 때문에 화자의 권위가 많이 드러나는 말투로서 고풍스러운 문어체나 공식적, 외교적인 수사 및 대중선동을 위한 슬로건이나 표어 등으로 그 쓰임이 제한된다.

a. Энх тайвны төлөө тэмцэгтүн.
   평화를 위해 싸우시오.

b. Улсын төлөвлөгөөний болон нийгмийн сахилга батыг чанд сахигтун!
   국가 계획과 사회 노동의 규율을 철저히 지키시오.

④『- уузай²』

'-уузай²'의 서법의미는 환기경계, 주의경계, 주의환기, 염려 등 학자에 따라 다양한 용어로 정의되어 오고 있다. 즉, 이들 학자들의 선행연구로부터 종결어미 '-уузай²'는 주로 바람직하지 않는 사태발생을 우려하거나 경계하는 서법의미를 지닌 것을 알 수 있다.

a. Би унтуузай!   a′. 내가 잠들지 않게 해라.
b. Чи унтуузай!   b′. 너 잠들지 않도록 주의해라.
c. Тэр унтуузай!   c′. 그가 잠들지 않도록 주의해라.

한편 '-уузай²'형은 한국어 경계법 종결어미 '〜ㄹ라'와 대응시킬 수 있다. 한국어의 경계법은 동사어간에 종결어미 '-ㄹ라, -리' 등을 결합하여 화자가 상대방의 행동이 잘못될까 염려하면서 미리 경계하는 의미를 나타내는 서법이다

a. (천천히 먹어라.) 체할라.

   (Удаан идээрэй.) Хахуузай.

b. (가까이 오지 말아라.) 감기 옮을라.

   (Битгий ойрт.) Ханиад хүрүүзэй.

몽골의 전통 가옥인 게르는 기후와 유목 생활에 적합하게 변형, 발전하며 수천년 동안 계승되어 온 주거 형태이다. 몽골 게르 역사는 오래되었지만 오늘날의 벨트 게르 형태는 16세기부터 보편적으로 사용되었다고 한다.

게르는 원형의 형태이며, 크기는 재산의 정도나 필요에 따라 달라질 수 있다. 게르의 면적과 크기는 '한'이라고 하는 벽첸의 수로 나타내는데 보통 4,5,6,8,10,12 벽체의 게르가 있다. 15벽체의 경우 150개의 천정 받침나무가 들어가는 큰 게르인데 이 넓은 게르에는 왕이나 귀족들이 주로 살았으며, 관청으로 상용되었다. 부자들은 대개 6,8 벽체를, 평민들은 4,5 벽체를 짓고 살았다. 일반적으로 가장 많이 지어지는 크기는 5벽체로 평균 20~30m²가 된다.

몽골 유목민 생활에 매우 적합한 구조로 되어 있는 게르를 짓는 데는 1시간 정도 소요되며, 철수하는 데도 30~40분정도 소요될 정도로 이동하기에 간편하다. 게르의 내부는 크게 3개의 공간으로 나눌 수 있으며, 동쪽에는 생활에 필요한 음식이나 그릇 등 용품을 두는 주방 공간, 북쪽은 주인의 공간, 서쪽은 손님의 공간이다. 또한 게르 중앙에 가정의 생명이라 할 수 있는 화로 공간이 있다.

여행 재미 있었니?
Аялал сонирхолтой байсан уу?

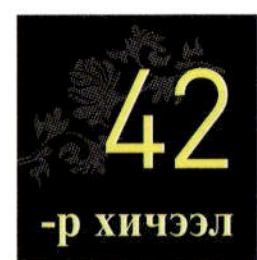

지역 여행을 잘 마치고 돌아온 인표는 침게와 카탸를 만나 여행에 대한 소감을 나눈다.

Чимгээ : Ин Пё, Сайн явж ирсэн үү?
Ин Пё : Сайн. Маш сайхан яваад ирлээ.
  Та хоёр харин сайн уу?
Катя : Сайн сайн. За тэгээд аялал ямар байв даа?
Ин Пё : Их сайхан байлаа. Би Хархорум, Хөвсгөл нуур, Элсэн тасархай,
  Тэрэлж гээд олон сайхан газраар очиж үзлээ.
Чимгээ : Манай орны хамгийн сайхан газруудаар очиж үзжээ.
Катя : Аялалын зураг их дарсан байх даа?
Ин Пё : Тэгэлгүй яахав, Солонгост очмогцоо л найз нартаа ганц гайхуулах
  зүйлс маань тэр шүү дээ.

явж ирэх 다녀오다	сайхан газар 아름다운 곳
сонирхолтой байх 재미 있다	аялалын зураг 여행 사진
ямар байв? 어땠어요?	зурагнууд 사진들
Сайн сууж байв уу? 잘 지냈어요?	найз нартаа 친구들에게
олон сайхан газар 여러 멋진 지역	ганц гайхуулах 실컷 자랑하다

침게 : 인표씨, 여행 어땠어?

인표 : 응, 아주 좋았어.

너희들은 어떻게 지냈니?

카탸 : 그럼, 잘 지냈지. 여행은 재미 있었어?

인표 : 정말 좋았어. 하르호룸을 비롯해 홉스골, 엘셍 타사르하이, 테렐지 등 여러 멋진 지역을 구경하고
왔어.

침게 : 정말 우리 나라의 아름다운 곳만을 구경하고 왔네.

카탸 : 사진 많이 찍었겠다, 그렇지?

인표 : 물론이지, 한국에 돌아가면 친구들에게 실컷 자랑해야지.

◉ Тайлбар

✏ Аялал сонирхолтой байсан уу? : 여행이 재미 있었습니까?

✏ Маш сайхан яваад ирлээ : 정말 잘 다녀 왔습니다.

✏ 날짜

Өнөөдөр хэддүгээр сар вэ? 오늘 몇월입니까?
Өнөөдөр хэдэн бэ? 오늘 며칠입니까?
Өнөөдөр хэдний өдөр вэ? 오늘 며칠입니까?
Өнөөдөр хэддүгээр сарын хэдний өдөр вэ? 오늘 몇월 며칠입니까?

◉• Дүрэм

✐ 명령 · 원망법어미

3) 3인칭 종결어미

화자가 동사로 표현하는 행위를 제3자가 수행하는 것을 허용, 축원, 기원하는 등의 양태의미를 나타내는 '-г, -тугай², -аасай⁴', 등의 세 어미를 3인칭 종결어미라 한다.

① 『-г』

3인칭 종결어미 '-г'의 서법의미는 동의명령, 희망, 지시, 허락 등으로 다양하게 정의되어 오고 있다. 3인칭 종결어미 '-г'는 출현환경인 문맥에 따라 다양한 의미를 나타낸다.

a. Бат хичээлээ хийг.

　바트가 공부할 수 있도록 하라.

b. Тэр наашаа ирвэл ирэг.

　그가 여기로 오고 싶어한다면 와도 좋다.

한편, 3인칭 종결어미 '-г'는 '허용'이나 '양보'이외에도 '축복'이나 '기원'의 양태의미도 나타낸다.

a. Тусгаар тогтносон Монгол улс бат оршиг.

　독립한 몽골이여 영원하라.

b. Бурхан миний хүүг ивээг.

　하나님! 제 아들을 축복하소서.

또한 종결어미 '-г'는 '청유'나 '제안'의 양태의미가 표현된다.

a. Ах ирэг.

　오빠가 올 때까지 (기다리자.)

3인칭 종결어미 -г 와 결합한 동사 앞에 금지첨사 'бүү, битгий'가 놓이면 해당 행위를 3인칭이 수행하는 것을 금지하거나 3인칭에게 생기길 원치 않는 양태의미를 나타낸다.

a. Ах минь тэр муу дээрэмчинтэй дахин бүү уулзаг.

　오빠가 그런 나쁜 강도를 다시 만나지 않았으면 해.

b. Ийм аймшигт явдал бүү тохиолдог.

　이런 끔찍한 사건이 다시 생기지 말았으면 해.

② 『-тугай²』

여러 학자들의 선행연구는 3인칭 종결어미 '-тугай²'의 의미에 관해 크게 '명령'과 '축원'으로 분석하고 있다.

a. Монгол Ардын Хувьсгалт Нам мандтугай.

　몽골인민혁명당 만세.

b. Улам бүр мандан хөгжтүгэй.

　더욱 번영하라.

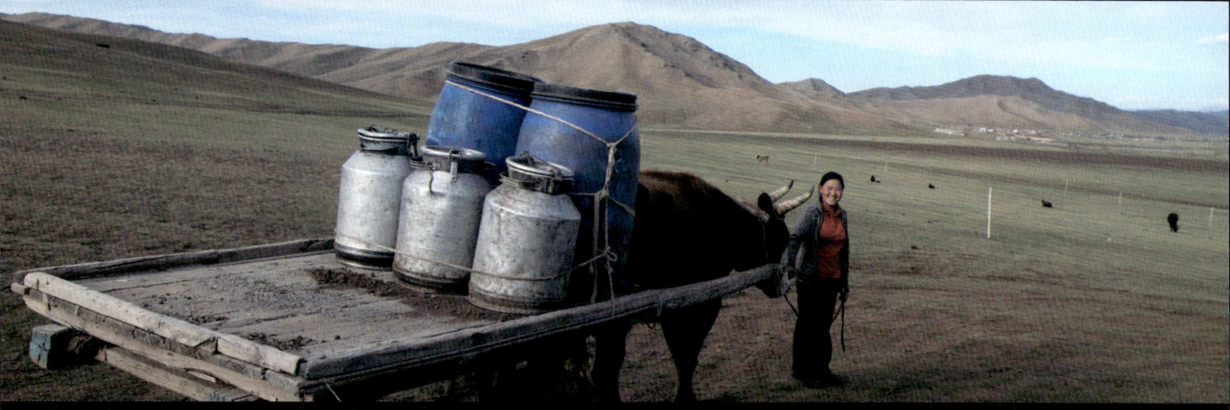

Соёл, зан заншил

몽골인의 시간 민속

нялх үе: 태어나서 세 살까지

балчир нас: 세 살부터 일곱 살까지

бага нас: 여덟 살부터 열 두 살까지

өөлийхүү: 열두 살부터 열 여덟 살까지

ори нас залуу: 열 여덟 살부터 스물 다섯 살까지

залуу нас: 스물 다섯 살부터 서른 다섯 살까지

идэр нас: 서른 다섯 살부터 마흔 다섯 살까지

хижээл нас: 마흔 다섯 살부터 예순 살까지

өтөл нас: 예순 살부터 여든 살까지

өндөр нас: 여든 살부터 그 이상

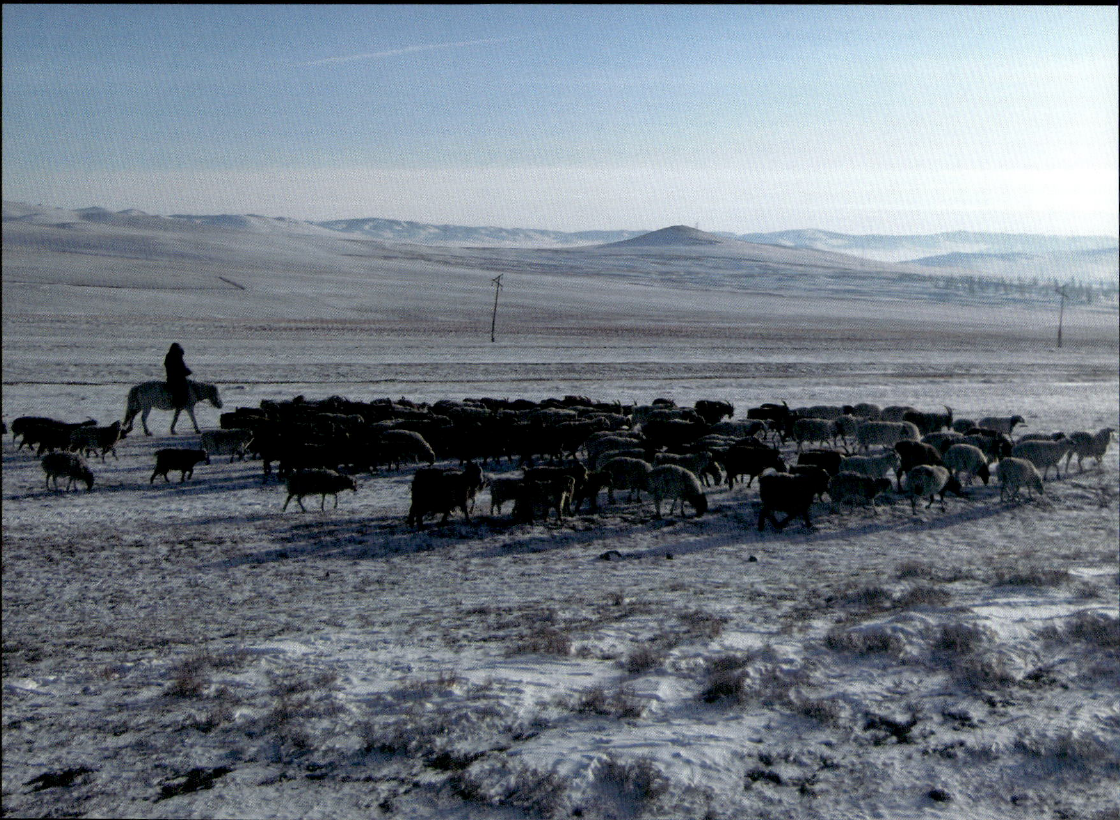

저에게 가장 인상적인 것은 ....
Миний сэтгэлд хоногшсон хамгийн сайхан зүйл

43
-р хичээл

인표는 여행 중에서 가장 인상적인 순간을 침게와 카탸에게 말한다.

Чимгээ : Ин Пё, тэгээд манай орны аль газар нь чамд их таалагдав?

Ин Пё : Надад Хөвсгөл нуур, Элсэн тасархай хоёр илүү сайхан санагдсан

Катя : Тэгвэл хамгийн их сэтгэлд хоногшсон зүйл юу байв даа?

Ин Пё : Миний сэтгэлд хоногшсон хамгийн сайхан зүйл бол говь нутгийн шөнө байлаа.

Одод яг миний дээрээс асгарах мэт би өөрөө сансарт нисч байгаа юм шиг их сайхан шөнө байсан

Катя : Нээрээ тэгсэн байх даа!

Чимгээ : Бид ч дэргэд нь байгаа мөртлөө тэр сайхан агшинг мэдрэхгүй амьдарах юм даа.

◉• Шинэ үг

сэтгэлд хоногшох 인상적인 것	сайхан агшин 멋진 순간
сэтгэгдэл 인상	тэр бүр 그때그때, 매순간
аль газар 어느 곳	мэдрэхгүй 느끼지 못하다
таалагдах 마음에 들다	мэдрэмж 느낌
дэргэд 옆에	амьдрах 살다

침게 : 인표씨, 우리 나라 어느 곳이 가장 마음에 들었어?

인표 : 나에게는 홉스골 호수 하고 엘셍 타사르하이 관광지가 가장 좋았어.

카탸 : 가장 인상적인 것이 무엇이었어?

인표 : 나에게 가장 인상적인 것은 고비사막에서 보낸 밤이었어.

　　　 별들이 바로 내 위에서 쏟아질 듯한 느낌, 내가 우주에서 유영하는 듯한 멋진 밤 하늘이었어.

카탸 : 정말 그랬을 것 같아!

침게 : 우리는 바로 옆에 살면서도 그 멋진 광경을 잘 느끼지 못하고 사는 것 같아.

◉• Тайлбар

Хамгийн сэтгэлд хоногшсон зүйл юу вэ? : 가장 인상적인 것은 무엇입니까?

몽골어의 접속사

тэгвэл 그러면

гэвч, гэхдээ, харин 하지만, 그렇지만

тийм учраас 때문에, 따라서

тэгээд 그리고

тэгсэн чинь 그랬더니

Манай орны аль газар нь их таалагдав? : 우리 나라 어떤 곳이 가장 마음에 들었어요?

Дүрэм

현대 몽골어의 합성법

몽골어에서 합성어를 분류할 때 합성하는 단어들 간의 관계에 따라 등위 접속과 종속 접속으로 분류할 수 있다.

등위 접속(coordinate compound)이라는 것은 합성하는 두 개의 구성 요소가 접속되는데 어느 한 쪽이 지배되지 않고 동등한 관계로 구성되는 동의어나 반대의미를 갖는 반의어를 말한다. 종속 접속(subordinate compound)이라는 것은 위의 반대로서 어느 한쪽이 지배하고 첫 단어는 수식어가 되거나, 직접 목적어가 되는 것을 말한다.

1. 합성 명사

합성명사는 ①등위 접속 또는 ②종속 접속의 구성으로 형성된다.

① 등위 접속 합성명사는 두 개의 명사가 접속되는데 어느 한쪽이 지배되지 않고 동등한 관계로 구성되는 동의어와 반의어는 다음과 같다.

    a. ширээ сандал(책걸상), хэрүүл уруул(다툼), ном сэтгүүл(잡지), уул тал(산들)

    b. эр эм(남녀), хөгшин залуу(노소), өдөр шөнө(밤낮)[1]

② 종속 접속 합성명사는 두 개의 종류의 구성으로 즉, 형용사 기능 및 직접적 기능 종속 합성이 있다.

②-1) 형용사 기능 종속 접속 합성명사란 첫 명사는 수식어에 비교될 수 있으며, 이때 명사는 형용사의 기능을 가진다.

    давст нуур(염호), хурган үүл(뭉게구름), усан сан(수영장)

②-2) 직접목적어 기능 종속 접속 합성명사란 첫 명사는 둘째 명사가 지배하는 직접 목적어와 같다.

    a. яга угаагч(식기세척기), хөдөлмөр эрхлэгч(근로자)

2. 합성 형용사

합성형용사는 두 개의 형용사 또는 명사와 형용사로 구성된다. 합성은 두 개의 형태, 즉 등위합성과 종속 합성이 있다.

① 등위합성 형용사

등위합성 형용사는 두 형용사로 구성된다.

    бор саарал(어두운 회색), гот гойд(매우 좋은), уван цуван(차례로, 줄지어)

② 종속 합성 형용사

종속 합성 형용사는 두 개의 형용사 혹은 명사와 형용사로 구성된다.

    хав хар(시커먼), нэг их(그다지), ув улаан(시뻘건)

---

1 Ж. Бат ирээдүй. Монгол хэлний хоршоо үгийн товч толь бичиг, УБ, 2008 참조

Соёл, зан заншил

몽골인의 시간 민속

가축의 나이

1) 말(адуу)

한 살배기 말: унага, охин унага

두 살배기 말: сарваа, даага, охин, охин

세 살배기 말: шүдлэн, шүдлэн байдас

네 살배기 말: хязаалан, байдас хязаалан

다섯 살배기 말: соёолон

여섯 살배기 말: хавчиг соёолон, бүдүүн гүү

몽골 사람들은 정말 친절한 것 같다
Монгол хүмүүс их зочломтгой, найрсаг хүмүүс юм.

44
-р хичээл

인표가 여행 중 경험한 몽골 사람의 순수함에 대해 친구들에게 들려준다

Катя : Ингэхэд хөдөөний хүмүүс чамд ямар санагдсан бэ?

Ин Пё : Миний бодоход маш зочломтгой, их найрсаг хүмүүс байсан.

Катя : Надад бол их сониуч хүмүүс юм шиг санагдсан.

Ин Пё : Ялимгүй сониуч юм байна лээ. Энэ Ази нутгийн соёл л доо.
Манай орны хүмүүс бас их сониуч шүү дээ.

Катя : Тэгвэл Ази хүмүүсийн нийтлэг зан гэж ойлгож болох нь ээ.

хөдөөний хүмүүс 시골 사람들

миний бодоход 내가 생각하기에

зочломтгой 대접 잘하다

найрсаг 친절하다

сониуч 호기심이 있다

Ази нутаг 아시아 지역

соёл 문화

Ази хүмүүс 아시아 사람들

нийтлэг зан 공통점

ойлгох 이해하다

카탸 : 시골 사람들을 보고 어떤 생각 들었어?

인표 : 내가 보기에는 손님 접대도 잘해 주시고 정말 친절하신 분들이었어.

카탸 : 내게는 이방인에 대해 무척 호기심이 많은 사람들이다라는 생각이 들었어.

인표 : 약간의 호기심은 아시아지역의 공통 문화인 것 같아.

　　　　우리 나라 사람들도 호기심이 무척 많거든.

카탸 : 그럼 아시아 사람들의 공통점으로 이해하면 되겠네.

◉・ Тайлбар

✍ **Зочломтгой, найрсаг хүмүүс** : 친절하고 따뜻한 사람들

동사어간 + хад4

хад4는 현재 및 미래시제를 나타내는 형동사어미 -х에 여처격어미 -д를 연결시킨 형태로 동사
어간에 연결하여 어떤 동작이나 행위가 행해지는 "바로 그때"라는 의미를 나타낸다.

　　гуанзанд очход хоол юу ч байсангүй 식당에 갔을 때 음식이 아무것도 없었다

　　номын санд ороход чимээгүй байх ёстой 도서관에 들어갈 때 조용히 해야 한다

✍ **Ази хүмүүсийн нийтлэг зан** : 아시아인의 공통점

◐• Дүрэм

🖌 몽골어의 감탄 표현

감탄 표현이란 감탄사를 써서 감성을 직접 드러내는 놀라움이나 감격을 나타내는 것을 가리킨다. 한국어와 몽골어에서 감탄 표현은 일반적으로 대개 한 낱말 형태로 드러나므로 구문론적으로는 문장이라 할 수 없으나 의미적으로는 상황에 따라 한 문장에 버금가는 의미를 드러내는 구실을 한다.

몽골어의 감탄 표현은 의미에 따라 5축(말, 소, 양, 염소, 낙타)를 부를 때 쓰이는 의성어와 사람의 감성을 드러내는 감탄사로 나누어 볼 수 있다.

첫째, 사람의 감성과 관련된 감탄 표현

1) халхай, паа, паах, [гайхах · 놀람]

2) аа, ура [бахдах · 환희]

3) хөөрхий хөөрхий [өрөвдөх · 가엾음]

4) ай хөөрхий [энэрэх · 동정]

5) пөөх [жигших · 멸시]

6) пүү [дүргүйцэх · 깔봄]

7) түй [уурлах · 성냄]

8) иш [бухимдах · 흥분]

9) ёо ёо [айх чочих · 두려움]

10) хүүе, хүүш [баярлах · 기쁨]

11) ура, [хөөрөх · 고조]

12) хм ,хэм [гуних · 슬픔]

13) паах [гутах · 고통]

14) өө [сайшаах · 칭찬]

15) уухай уухай, ура [урамшуулах · 고취]

16) ээ [өхөөрдөх хөөршөөх · 격려]

17) өө, ээ, [гомдох · 실망]

18) яана [хорсох · 원망]

19) ичиг ичиг [егөөдөх · 조롱]

20) ээ, өө, хц, хэц [басах · 멸시]

21) зээ хөө [ерөөх бэлэгдэх · 축원]

22) мм [итгэх найдах · 신뢰]

23) хн [зэмлэх шаардах · 비난]

둘째, 가축의 젖을 짜거나 또는 가축을 부를 때 쓰이는 감탄 표현

1) чүү, гуруй гуруй, гийн гоо [адуу морь · 말]

2) хөж, өөв өөв [үхэр, үнээ · 소]

3) зуу зуу, хоолбой хоолбой [ямаа · 염소]

4) ча ча, тойг тойг, хоолбой хоолбой [хонь · 양]

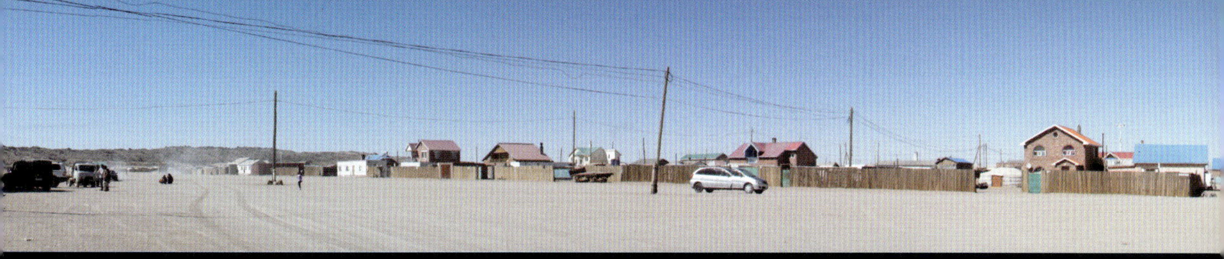

Соёл, зан заншил

몽골인의 시간 민속

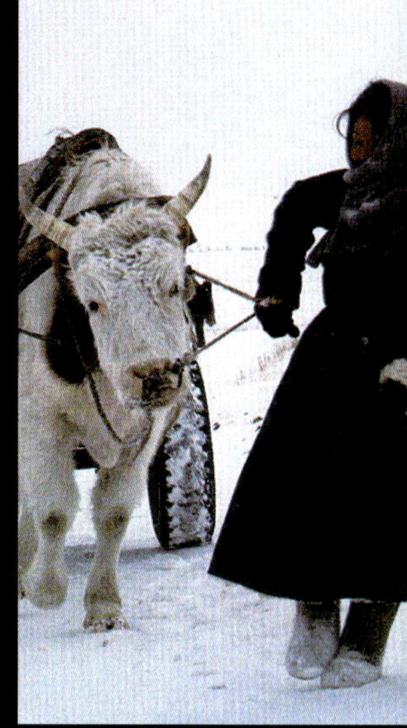

2)낙타(тэмээ)

한 살배기 낙타: ботго, охин ботго

두 살배기 낙타: тором, охин тором

세 살배기 낙타: буйлт, шар шилбэт

네 살배기 낙타: тайлаг, гүиж

다섯 살배기 낙타: ат, ингэ

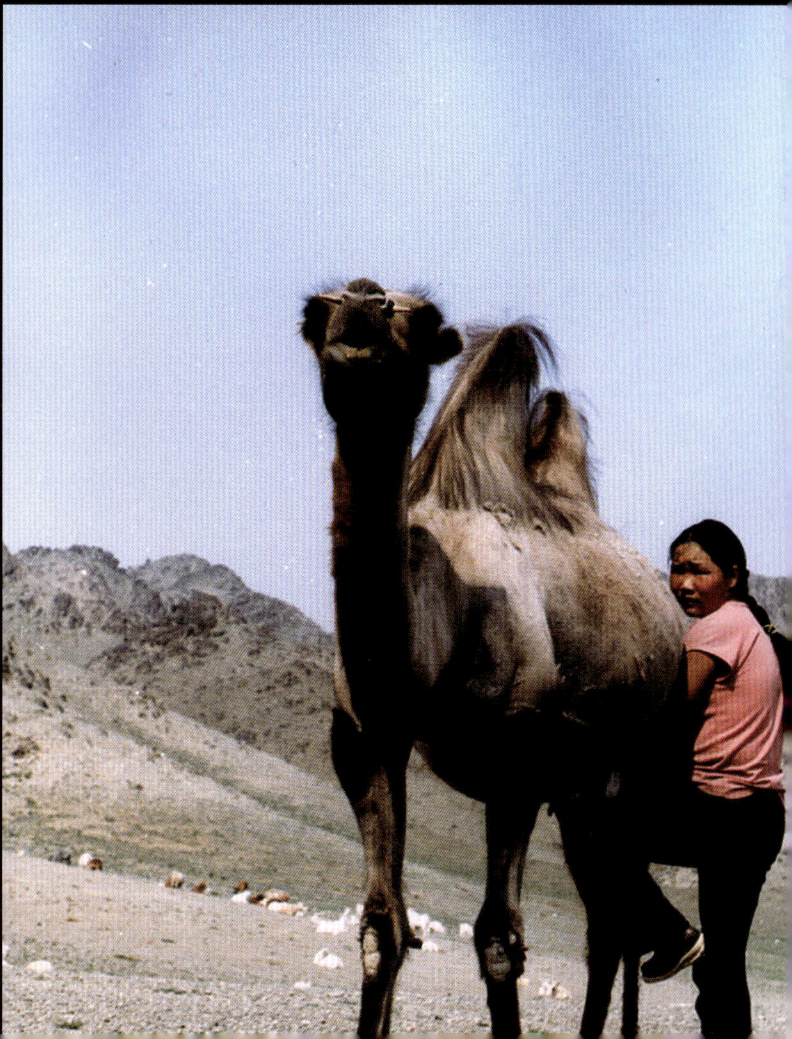

хичээл 14

인표가 쇼핑을 하였다.

45 얼마입니까?
46 이 옷을 입어 봐도 될까요?
47 Tax free를 하고 싶은데 어떻게 해야 하죠?

얼마입니까?
Ямар үнэтэй вэ?

인표는 기념품 코너에 들어와 흥미로운 풍경화를 발견하고 가격을 묻고 있다.

Ин Пё : Надад тэр уран зургийг үзүүлнэ үү.

Худалдагч : Та энэ зургийг хэлж байна уу?

Ин Пё : Тийм ээ, нүдэнд тусахаар маш сайхан зуржээ.
Боломжтой бол агуулагыг нь товчхон тайлбарлаж өгч болох уу?.

Худалдагч : Энэ уран зураг бол "Монголын нэг өдөр" гэсэн нэртэй.
Монгол орны нүүдэлчин амьдралыг их тод харуулсан зураг юм.

Ин Пё : Үнэтэй л байх даа. Ямар үнэтэй вэ?

Худалдагч : Арьсан дээр зурсан учраас ялимгүй үнэтэй. Үнэ нь 85 мянган төгрөг.

Ин Пё : Арай л үнэтэй юм. Та бага зэрэг хямдруулж өгч болох уу?

Худалдагч : Уучлаарай, тогтсон үнэтэй учраас хямдруулах боломжгүй ээ.

◉• Шинэ үг

уран зураг 미술 작품	харуулах 나타내다
зураг 그림	арьсан дээр 가죽 위에
хэлэх 말하다	зурах 그리다
Монголын нэг өдөр 유목민의 하루	үнэтэй 비싸다
нэртэй 제목을 가진	хямдруулж өгөх 할인해 주다
нүүдэлчин амьдрал 유목 생활	тогтсон үнэ 정찰제
их тод 아주 뚜렷하게, 구체적으로	боломжгүй 불가능하다

인　표 : 저에게 그 그림 좀 보여주세요.

판매원 : 이 그림을 말하시는 건가요?

인　표 : 네, 눈에 확 들어오는군요.

　　　　가능하시면 저에게 그림 내용을 간단히 설명해 주실 수 있습니까?

판매원 : 이 그림 제목은 "몽골인의 하루"에요.

　　　　몽골 유목민의 일상생활을 아주 구체적으로 나타낸 그림이에요.

인　표 : 비쌀 것 같은데 얼마입니까?

판매원 : 가죽에 그린 거라서 약간 비싸요.

　　　　가격은 8만 5천 투그릭에요.

인　표 : 약간 비싸네요, 좀 할인 해주실 수 있습니까?

판매원 : 죄송합니다. 정찰제라서 할인해 줄 수 없습니다.

◉ Тайлбар

✎ Ямар үнэтэй вэ? : 얼마입니까?

✎ Арай л үнэтэй юм : 조금 비싸다.

✎ Бага зэрэг хямдруулж өгч болох уу? : 조금 더 할인해 줄 수 있습니까?

✎ 동사어간 + аач4

화자가 청자에게 다소 부드러운 '요구'를 나타낼 때 사용하는 원망형어미이다. 한국어의 예사높임에 해당되는 '～하세요'에 대응한다.

　　　хямдруулж өгөөч 할인해 주세요

　　　сониноо уншаач 신문 읽으세요

Дүрэм

현대몽골어 부정법

몽골어 부정법의 가장 현저한 특징은 한국어와 같이 단형 부정과 장형 부정의 구분 없이 명사류 부정법과 동사류 부정법으로 대별되어 전자의 경우 부정첨사가 후치하고, 후자의 경우에는 부정 첨사가 전치한다는 점에서 서로 다른 분포를 보여준다. 즉, 명사류를 부정하는 첨사는 항상 명사류의 뒤에 위치하는 반면, 동사류를 부정하는 첨사는 항상 동사류의 앞에 분포한다는 점을 들 수 있다.

1. 명사류 부정

몽골어에서 명사류의 부정은 'үгүй, биш(бус)' 등의 부정 첨사에 의하여 이루어지며, 명사류를 부정하는 첨사는 항상 명사류의 뒤에 위치한다.

(1) a. Чамайг гэртээ үгүйг мэдээд би очсонгүй.
　　　네가 집에 없는 것을 알고 나는 가지 않았다.

　　b. Би захирал биш, нарийн бичгийн дарга байна.
　　　나는 사장이 아니고 비서입니다.

　　c. Хууль бусаар ажилаж байгаа хүн.
　　　불법으로 일하고 있는 사람.

　　d. Өөх ч биш, булчирхай ч биш.
　　　이것도 저것도 아니다.

한편 'үгүй'와 'бус'의 의미상의 차이에 대해서는 다음과 같이 정의되고 있다. 부정 첨사 'үгүй'는 어떤 유정물과 무정물의 '존재'나 '비실재'의 의미를 나타내는 부정 작용에 주로 쓰인다. 반면 부정 첨사 'бус'는 (1e,f)의 보기와 같이 실제 발화에서 존재하는 대상이 우리가 알고 있는 그것과는 다른 부정적 맥락과 연관되는 것을 나타낸다. 예컨대, 현대몽골어에서 부정 첨사 бус는 ангийн бус(비계급), нам бус(비정당), хөрөнгтөн бус(비자본가), хүн бус(비인격), хууль бус(불법), ээлжит бус(불규칙), намын гишүүн бус(정당비회원) 등의 극소수의 어휘에만 나타날 뿐이다고 기술하였다(Санжээв 1959:84, Yu 1991:112)

(2) a. Чиний үгүйгээс болоод ажил бүтээгүй.
　　　네가 없어서 일이 성사되지 않았다.

　　b. Боловсрол мэдлэг үгүй байх нь хамгийн муу дайсан
　　　무지는 최악의 적

　　c. Тэр балгас нь цаг хугацааны эрхээр улиран өнгөрч үгүй болов
　　　그 폐허는 오랜 세월이 흘러 없어졌다.

　　d. Өчигдөр намайг гэртээ харихад өвөө үгүй байв.
　　　어제 내가 집에 돌아갔을 때 할아버지는 있지 않았다.

Соёл, зан заншил

3) 소(үхэр)

한 살배기 소: тугал, охин тугал

두 살배기 소: бяруу, боолтрого, хүзүүвчит

세 살배기 소: эр шүдлэн, охин шүдлэн

네 살배기 소: хязаалан гуна, гүнжин үнээ

다섯 살배기 소: соёолон гуна, дөнжин үнээ

여섯 살배기 소: шар, бүдүүн үнээ

몽골의 소는 늦어도 신석기 시대 초기에 가축으로 길들여진, 인류 역사상 가장 독보적인 역할을 하고 있는 가축으로, 그 쓰임새는 다양하다. 소는 전체 가축의 15%를 차지하며, 고기는 양고기 다음으로 몽골인들의 주된 식품원이다.

몽골의 소는 고기와 우유, 가죽, 털 등을 제공할 뿐만 아니라, 짐을 실어 나르는데도 유용하게 사용되며 소똥은 땔감으로 쓰이기도 한다. 소의 수태기간은 280–287일이며 수명은 약 20년이다. 몽골 고원에서 소는 가장 오래된 재산의 형태이며, 소 도둑이 절도의 가장 오래된 형태라고 주장되기도 한다.

이 옷을 입어 봐도 될까요?
Үүнийг өмсөж үзэж болох уу?

46
-р хичээл

인표가 몽골 특산품 캐시미어 옷 코너에 들어와 쇼핑을 계속하였다.

Ин Пё :   Үүнийг өмсөж үзэж болох уу?

Худалдагч :   Бололгүй яахав. Хувцас сольдог өрөө энд байна.

Ин Пё :   Энэ надад зохиж байна уу?

Худалдагч :   Их сайхан зохиж байна

Ин Пё :   Надад энэ цамцны загвар их таалагдаж байна.
              Энэ цамцыг ямар материалаар хийсэн бэ?

Худалдагч :   Энэ манай орны брэнд бүтээгдэхүүн ноолууран цамц юм.
              Материал нь ямааны ноолуур л даа.

Ин Пё :   Би үүнийг авья, Энэ ямар үнэтэй вэ?

Худалдагч :   Манай бүх бүтээгдэхүүн 10~15%-ийн хямдралд орсон байгаа.
              Үнэ нь 43 мянган төгрөг.

Ин Пё :   Тооцоог эндээ шууд хийдэг үү?

Худалдагч :   Тийм ээ, манай тасгаар үйлчлүүлсэн танд баярлалаа.

◉• Шинэ үг

хувцас 옷	хийх 만들다
өмсөж үзэх 입어보다	брэнд бүтээгдэхүүн 브랜드 상품
хувцас солих өрөө 탈의실	ноолууран цамц 캐시미어 스웨터
цамц 스웨터	үнэ 가격
загвар 모델	хямдралд орох 할인 들어가다
зохих 어울리다	тооцоо шууд авах 직접 계산하다
материал 재료	тасаг 코너

인 표 : 이 옷을 입어볼 수 있습니까?

판매원 : 네, 그럼요. 탈의실은 이곳입니다.

인 표 : 이 옷이 저에게 어울리나요?

판매원 : 아주 잘 어울립니다.

인 표 : 저는 이 스웨터가 무척 마음에 들어요.

　　　　이 스웨터의 재료는 무엇입니까?

판매원 : 이 옷은 우리 나라의 대표적 브랜드인 캐시미어 스웨터입니다.

　　　　원료는 염소 털입니다.

인 표 : 저는 이 옷을 사고 싶어요. 얼마입니까?

판매원 : 우리 모든 상품은 10~15% 할인하고 있습니다.

　　　　가격은 4만 3천 원입니다.

인 표 : 계산은 여기서 직접 하나요?

판매원 : 네, 맞습니다. 우리 코너를 이용해 주셔서 정말 감사합니다.

Тайлбар

Таны өмсгөл хэд вэ? : 사이즈가 어떻게 됩니까?

хэд вэ? 는 위 문장에서 치수를 묻는 '얼마입니까?' 라는 의미로 사용되지만 일상에서 흔히 가격을 묻는 'ямар үнэтэй вэ?(얼마입니까?)'의 의미로도 쓰인다.

Би сайн санахгүй байна : 잘 기억이 나지 않습니다.

За олчихлоо, энд байна : 찾았습니다, 여기 있습니다.

Дүрэм

✒ 현대몽골어 부정법

2. 동사류 부정

몽골어 부정문에서 동사류의 부정은 부정첨사 'үл'과 'эс'에 의해서 이루어진다. 후치수식인 명사류 부정첨사들과는 달리 'үл, эс'는 부정문의 통사 구조상 항상 동사의 앞에 놓인다.

부정첨사 'эс'는 주로 부동사와 직설법 과거시제의 동사를 부정하는데 쓰이고 있다. 'үл'과는 서로 같은 자리에 나타나더라도 의미상 차이가 없으며 다만 동사류의 시상에 따라 쓰임의 제약을 받는다.

(1) a. Энэ үгийг одоо үед үл хэрэглэнэ.
   이 낱말은 오늘날 안 쓴다.

   b. Энд архи ууж үл болно
   여기서 술을 마시면 안 된다.

   c. Дарга энэ ажил хэрэгт хөрөнгө оруулахыг эс зөвшөөрөв
   사장은 이 사업에 투자하는 것을 거부하였다.

이들 부정 첨사는 현대몽골어에서는 어울림의 제약이 따르게 되어, хэрэглэх(사용하다), нийцэх(어울리다), илрүүлэх(드러내다), илрэх(나타나다), харагдах(보이다), тоомсорлох(존중하다), мэдэх(알다), зугтах(도망가다), болох(되다), зөвшөөрөх(인정하다), ойшоох(존중하다), ойлгох(이해하다) 등의 특정 동사와 결합하여 부정을 이루는 문어체의 관용적인 표현에서만 나타날 뿐이다

부정첨사 'үл, эс'의 두 방식이 고전 몽골문어에서는 주로 시상과 서법의 차이에 따라 기본적으로 의미 차이를 수반하였지만 현대몽골어에서는 사용 범위가 축소되어 일부의 관용적인 표현을 제외하고는 부정표지 2의 기능을 상실하게 되었다. 현대몽골어의 금지 첨사 'бүү, битгий'는 통사구조상 항상 명령 · 원망형 동사의 앞에 놓여 금지문을 이룬다.

(2) a. {битгий/ бүү / үл / эс} ярь
   말하지 마

   b. тамхи {бүү/ битгий / *үл / *эс} татаарай
   담배 피지 마세요

   c. Тэр намайг ядуу оюутан гэж {үл/ *эс} ойшоосон
   그는 나를 가난한 학생이라고 무시했다.

   d. Тэр номыг {эс/ үл} уншжээ
   그는 책을 { 안 } 읽었다

Соёл зан заншил

4) 양(хонь)

한 살배기 양: хурга, охин хурга

두 살배기 양: төлөг, охин төлөг

세 살배기 양: шүдлэн, зусаг

네 살배기 양: хязаалан ирэг, зусаг

다섯 살배기 양: соёолон ирэг

Tax free를 하고 싶은데 어떻게 해야 하죠?
Tax free хийлгэх гэсэн юм, яах ёстой вэ?

쇼핑을 끝낸 인표가 직원에게 Tax free를 어떻게 해야 하는지 문의한다.

Ин Пё : Би Tax free хийлгэх гэсэн юм, яах ёстой вэ?

Худалдагч : Та тэгвэл энэ хүснэгтийг бөглөөд өгнө үү.

Ин Пё : За, би бөгөлчихлөө. Энд байна.

Худалдагч : Та энэ хуулбарыг онгоцны буудал дээр Duty free тасаг руу авч очоорой.

Ин Пё : Сайн ойлголоо. Өөр нэмэлт баримт хэрэгтэй юу?

Худалдагч : Таны паспорт болон онгоцны тийз.

◉• Шинэ үг

Tax free 면세, 비과세	бөглөж бичих 작성하다
хүсэлт 신청서	хуулбар 사본
онгоцны буудал 공항	мөнгө шилжүүлэх 송금하다
авч очих 가지고 가다	нэмэлт бичиг баримт 추가 서류
бэлэн мөнгө 현금	паспорт 여권
кредит карт 신용카드	онгоцны тийз 비행기표

인　표 : 저는 Tax free를 하고 싶은데 어떻게 해야 하죠?
판매원 : 그러면 이 신청서를 작성해 주세요.
인　표 : 네, 작성했어요. 여기 있습니다.
판매원 : 손님, 이 사본은 공항에 있는 Duty free 코너에 갖다주세요.
인　표 : 잘 알겠습니다. 더 필요한 것은 없습니까?
판매원 : 여권과 비행기 표를 가지고 있어야 해요.

◉ Тайлбар

Энэ хүсэлтийг бөглөөд өгнө үү : 이 신청서를 작성해 주세요

동사어간 + на4 + уу(үү)
화자가 청자에게 다소 부드러운 '요구'를 나타낼 때 사용하는 명령 · 원망법어미이다. 한국어의
아주높임에 해당되는 '～하십시요'에 대응된다.

иднэ үү?드시겠습니까?　　хурдан бичнэ үү? 빨리 써주시겠습니까?

Өөр нэмэлт бичиг баримт хэрэгтэй юу? : 더 필요한 것은 없습니까?

◉ Дүрэм

✏ 몽골어 부사

몽골어 부사는 행위, 상태, 특성, 양태 등을 나타내고 문장에서 주로 부사어가 되는 품사이다. 몽골어 부사는 크게 순수부사와 불구부사로 분류할 수 있다.

몽골어와 한국어의 부사는 그 형태적 특징 또는 그 형성 방식에 따라 다음 몇 가지로 나누어볼 수 있다.

a. 단순 부사(simple adverb)

b. 합성 부사(compound adverb)

c. 전성 부사(derivational adverb)

단순 부사 또는 순수 부사는 본디부터 부사 기능을 지닌 단일 형태이며, 합성 부사는 단순 부사끼리 또는 다른 말과 합성하여 부사가 된 것이다. 전성 부사는 주로 딴 범주의 낱말이 파생 접사와 결합하여 이루어진 것이다. 특히 몽골어는 그 형성 방식에서 단순 부사/ 순수 부사나 합성부사보다 전성부사가 발달되어 있는 형태적 특징을 지닌다. 또한 부사로부터 다양한 범주, 즉, 동사, 형용사, 명사 등이 파생될 수 있는 특징도 지닌다

1. 단순부사

몽골어의 단순 부사는 단일한 형태소로 이루어진 부사어 곧 한 형태소만으로 된 자립 형태소인 부사이다.

маш(아주), нэн(아주, 매우), тун(매우), орой(저녁), сая(방금), одоо(지금), үлэмж(대단히), өнө (현재), дэргэд(옆), хэдий(비록), хичнээн(아무리), хэрэв(만약), арай(아직), бүр(더욱), илүү(더), огт(전혀), асар(엄청)

a. Тэнгэр маш хөх.
    하늘이 매우 푸르다.

b. Улам цааш явав.
    더 멀리 갔다.

2. 합성부사

몽골어의 합성 부사는 두 가지 다른 어근을 가진 단어가 합성된 것과 두 가지 같은 어근이 합성된 것으로 나눌 수 있다.

1) 두 가지 다른 어근이 합성어처럼 하나로 묶여 행위의 형상 및 상태를 나타내는 부사가 파생된 것이다.

өнөөдөр(오늘), нөгөөдөр(모레), өчигдөр(어제), ана мана(아슬아슬), ач тач(아슬아슬), яв цав(딱), яг таг(딱), ундуй сундуй(어지럽게), арай чарай(간신히), чүү чамай(겨우), хага хуга(와장창창)

Соёл, зан заншил

5) 염소(ямаа)

한 살배기 염소: ишиг

두 살배기 염소: борлон, охин ишиг

세 살배기 염소: эр шүдлэн, зусаг ямаа

네 살배기 염소: хязаалан сэрх

다섯 살배기 염소: соёолон сэрх, эм ямаа

ХИЧЭЭЛ 15

안녕, 내 친구들!

48 고향에 돌아갈 시간이 되었네!
49 몽골 유목민의 친절함을 결코 잊지 못할 것이다!
50 내년에 다시 만나자!

고향에 돌아갈 시간이 되었네!
Нутаг буцах цаг болжээ!

48
-р хичээл

인표가 고향에 돌아갈 시간이 되어 친구들과 작별인사를 나눈다

Ин Пё : Нутаг буцах цаг болжээ!

Чимгээ : Цаг хугацаа гэж харвасан сум шиг юм. Чи ирээд 21 хоночихжээ.

Ин Пё : Нээрээ тийм байна шүү, энд их сайхан байсан болохоор ирээд

хэд хоносоноо ч мартчихаж

Катя : Чи тэгээд хэзээ явах юм шиг байна?

Ин Пё : Нөгөөдөр 13:00цагийн онгоцоор буцна даа.

Чимгээ : Аан өдрийн онгоц юм бол бид хоёр чамайг буудал дээр гаргаж өгнө өө!

Ин Пё : Өө яах нь вэ? Та хоёрт төвөг удахыг хүсэхгүй байна.

Катя : За зүгээр дээ, найзуудын хооронд байх л асуудал шүү дээ.

◉• Шинэ үг

нутаг буцах 고향에 돌아가다	цаг болох 시간이 되다
цаг хугацаа 세월	гаргаж өгөх 배웅하다
харвасан сум 쏜 화살	төвөг удах 부담 주다
их сайхан байх 매우 좋다	хүсэхгүй байна 원하지 않다
нөгөөдөр 모레	найзуудын хооронд 친구들 사이에
өдрийн онгоц 낮 비행기	байх л асуудал 있을 수 있는 일

인표 : 고향에 돌아갈 시간이 되었네!

침게 : 참, '세월이 쏜 화살'처럼 정말 빠르네. 네가 온지 벌써 21일 지났어

인표 : 정말 그렇네. 나는 여기가 너무 좋아서 며칠이 지났는지도 모르고 있었네.

카탸 : 그럼 언제 가는 거니?

인표 : 내일모레 13:00시 비행기로 돌아가.

침게 : 그럼 낮 비행기이니 우리가 공항에 나가서 배웅해 줄게!

인표 : 그럴 필요 없어... 너희에게 부담 주고 싶지 않아.

카탸 : 괜찮아, 친구들 사이에 그 정도는 해줄 수 있는거지.

◉• Тайлбар

✎ Цаг хугацаа гэж харвасан сум шиг юм : "세월은 쏜 화살처럼 빠르다"

✎ гаргаж өгнө : 배웅해 주다

-уулаа / -үүлээ
몽골어 기본 수사에 -уулаа / -үүлээ를 연결하여 인수사를 만든다. 한국어의 "～이서 함께"에 대응된다.

хэдүүлээ 몇 명이서   нэгүүлээ 혼자서

хоёулаа 둘이서   гурвуулаа 셋이서

✎ Өө яах нь вэ? : 그럴 필요 없다

◉ Дүрэм

몽골어 부사

3. 전성부사

몽골어는 그 형성 방식에서 단순 부사나 합성 부사보다 전성 부사가 발달되어 있는 형태적 특징을 지닌다. 몽골어 전성부사는 어떠한 하나의 어간이나 어근에 다양한 어미가 연결되어 새로운 부사가 파생되는 것, 비슷한 부사가 연결되어 파생되는 것, 대명사나 명사와 합쳐져 파생되는 것 등 다양하게 나타나는데 이들 부사를 분석한 결과 동사, 대명사, 형용사 등의 다양한 품사로부터 형성되었음을 알 수 있다.

전성 부사가 어떤 품사에서 전성되었는지를 알아보면 다음과 같다.

3.1. 대명사 전성부사

아래의 예는 다양한 대명사에서 전성된 부사들이다.

    (a) энэ → эгү →үү(н) + (г)ээр –үүгээр ~ энүүгээр (여기로)

    (b) энэ + өдөр → энэ өдөр → өнөө өдөр ~өнөөдөр (오늘)

    (c) хэзээ + -д → хэзээд (언제나)

3.2. 형용사 전성부사

형용사에서 전성된 부사들은 다음과 같다.

    (a) Үнэн + -хээр→ үнэнхээр(정말), үнэхээр(정말), үнэнхүү(정말)

    (b) их + (э)-д → ихэд(대부분)

3.3. 수사 전성부사

다음에서는 수사에 -т (-тээ/-тоо) 어미가 결합하여 수량부사가 되었다.

    (a) гурван + -т → гурвант (세 번)

    (b) нэгэн + -тээ→ нэгэнтээ(한 번)

3.4. 명사 전성부사

    (a) нас + (а) -д → насад(평생), үүр + -д → үүрд(영원히)

    (b) гэн(э) + -т → гэнэт(갑자기)

3.5. 동사 전성부사

아래의 예에서와 같이 동사의 어간에 어미 '-ууд(уд)', '-нга(га)', '-д' 또는 '-м' 어미가 결합하여 동사 전성부사가 되고 있다.

    (a) зори- + -ууд → зориуд(일부로)

3.6. 부사 전성부사

다음과 같이 'зүү(왼쪽)', 'урд(앞)'에 각각 구격어미 '–aap4'와 어미 '-уур'가 결합하여 방향 및 장소부사가 되었다.

    (a) зүү + (г)-ээр→ зүүгээр(왼쪽으로)

Соёл, зан заншил

계절

◆ 아홉 가지 시간(시기)의 겨울 (ёсөн ёс, ёсөн эхэл, хөйтний ёс)

1 –р ёсөн эхэл: 12월 22일부터 12월 30일까지(네르멜 아르히를 얼게 만드는 시기)

2 –р ёсөн эхэл: 12월 31일부터 1월 8일까지(호르츠 아르히를 얼게 만드는 시기)

3 –р ёсөн эхэл: 1월 9일부터 1월 17일까지(소의 뿔이나 꼬리가 얼어서 떨어지는 시기)

идэр гурван ёс (젊은 기운의 세 가지 아홉)

4 –р ёсөн эхэл: 1월 18일부터 1월 26일까지(황소의 꼬리를 얼게 만드는 시기)

5 –р ёсөн эхэл: 1월 27일부터 2월 4일까지(밖에 내 놓은 쌀이 얼지 않을 정도의 시기)

6 –р ёсөн эхэл: 2월 5일부터 2월 13일까지(눈이 녹아서 마차의 바퀴 자국이 생기는 시기)

хөгшин гурван ёс (쇠약한 세 가지 아홉)

7 –р ёсөн эхэл: 2월 14일부터 2월 22일까지(고갯마루에 풀이 나서 푸른색을 띠기 시작하는 시기)

8 –р ёсөн эхэл: 2월 23일부터 3월 3일까지(눈이 녹기 시작하는 시기)

9 –р ёсөн эхэл: 3월 4일부터 3월 12일까지(만물이 약동하고 五五이 배를 불릴 수 있는 시기)

몽골 유목민의 친절함을 결코 잊지 못할 것이다!
Та хоёрын нөхөрсөг сайхан занг хэзээ ч мартахгүй ээ!

인표가 친구들과 다시 만날 것을 기약하며 작별인사를 한다.

Катя : Ин Пё, бид одоо сайхан найзууд боллоо.
Цаашид үргэлж холбоотой байцгаая.

Ин Пё : Тэгэлгүй яахав, надад чин сэтгэлээсээ хандсан та хоёрт их баярлалаа.
Та хоёрын нөхөрсөг сайхан занг хэзээ ч мартахгүй ээ!

Чимгээ : За хаанаас даа, харин чиний нөхөрсөг зан биднийг ийм сайхан найзууд болголоо.
Тэгэхээр бид хоёр чамд харин их баярлаж байгаа шүү!

Шинэ үг

сайхан найзууд 좋은 친구들	нөхөрсөг зан 친절한 성격
цаашид 앞으로, 향후	хэзээ ч 언제나
үргэлж холбоотой байх 자주 연락하다	мартахгүй 잊지 못하다
тэгэлгүй яахав 물론이죠	за хаанаас даа 천만에요
чин сэтгэл 진심	тэгэхээр 그래서
хандах 대해 주다	баярлах 고마워하다

카탸 : 인표씨, 우리는 이제 좋은 친구사이가 됐어,

　　　　앞으로 자주 연락하고 지내자.

인표 : 그럼, 나에게 진심으로 대해 준 너희들 정말 고마워.

　　　　너희들의 우정을 결코 잊지 못할거야!

침게 : 천만에, 너의 사교성이 우리를 좋은 친구 사이로 만들어 준거야.

　　　　그래서 네게 고맙게 생각해!

Тайлбар

Үргэлж холбоотой байцгаая: 자주 연락하고 지내다

Үргэлж(자주) 의 유의어

дандаа, байнга, цаг ямагт 항상

чин сэтгэлээсээ хандсан: 진심으로 대하다

◉ Дүрэм

✏ 부사의 수식 기능

몽골어 부사의 주된 통사론적 기능은 동사와 연결되어 부사어가 되는 것으로 몽골어 부사는 문장에서 주로 동사를 수식하거나 형용사를 수식하는 기능을 갖는다. 아래 분류한 시간, 장소, 상징부사는 주로 동사를 수식한다.

(a) нөгөөдөр эрт ирээрэй.

모레 일찍 오세요.

(b) Та тэнд очоорой.

당신이 그곳에 가세요.

한편, 정도부사는 의미, 기능 면에서 다른 부사들보다 많은 역할을 수행하며 주로 형용사를 수식한다.

(a) Тэд өдий төдий сайхан цэцэг түүжээ.

그들이 여러 송이의 아름다운 꽃을 땄다.

(b) Тэр хүн үнэхээр сайн зуржээ.

그 사람이 그림을 정말 잘 그렸다.

수량부사는 수식 범위가 넓어 동사와 형용사는 물론 명사와 부사도 수식한다. (a), (c)에서는 수량부사 'хүрэлцээтэй(충분히)'와 'нилээд(많은)'가 각각 명사를 수식하고(b)에서는 수량부사 'бага(조금)'이 부사를 수식하고 있다.

(a) Чамд туслах хүрэлцээтэй ажиллах хүчийг өгнө.

너를 도와 줄 충분한 인력을 준다.

(b) Дэлгүүр эндээс бага зэрэг хол.

매점이 여기서 조금 멀다.

한편, 양태(modality)부사는 대체로 화자의 심리적 태도를 표시하는 것이다. 대개 주어와 관련된 서술 명제들을 두고 화자가 드러내는 여러 가지 마음가짐을 양태라 한다. 몽골어 양태부사는 다음과 같은 의미를 드러낸다.

(a) Үнэхээр тэр хүүхэд авьяастай.

과연 그 아이는 재능이 뛰어나다.

(b) Тэр гарцаагүй эх оронч.

그는 확실히 애국자이다.

Соёл, зан заншил

죽다

1. амь дуусах: 명을 다하다

2. амьсгал хураах: 숨을 거두다

3. бурхан болох: 부처가 되다

4. Жанч халах: 장옷을 입혀 행하는 라마 고승의 다비식 때 일컫는 말

5. Ертөнцийн бүрлээч болох: 주검이 되다

6. нас барах: 명을 다하다

7. насан өөд болох: 천수를 다하다

8. нүд аних: 눈을 감다

9. нарваан дүр үзүүлэх: 라마 고승의 다비식

10. нас нөхчих: 절거하다

11. мөнх бусыг үзүүлэх: 절거하다

12. мөнх нойрсох: 영원히 잠들다(영면하다)

13. өөд болох: 승하하다

14. үхэх: 죽다

15. талийгаач болох: 극락에 가다

16. таалал болох: 절거하다

17. таалал төгсөх: 절거하다

18. төрөл арилжих: 명을 다하다

19. тэнгэрт одох: 하늘로 가다

20. тэнгэр таалах: 하늘로 가다

21. тэнгэрт халих: 하늘로 가다

22. тэнгэр болох: 하늘로 가다

23. Талиж одлоо: 하늘로 가다

24. Таалал боллоо: 절거하다

25. элэг эмтлэх: 주검이 되다

26. энэлэл дайрлаа: 주검이 되다

27. эндэх: 아이가 죽었을 때

28. Хальж одсон: 하늘로 가다

29. Хадан гэртээ очих: 극락 세계로 가다

내년에 다시 만나자!
Ирэх жил дахин уулзацгаая

인표가 내년에 친구들과 몽골을 다시 찾을 것을 기약하다

Ин Пё :   Монгол орон үнэхээр таалагдлаа.
и боломж гарвал дахин ирэх бодолтой байгаа.
Чимгээ :   Нээрээ юу? Манай орон чамд үнэхээр таалагджээ дээ.
Ин Пё :   Тийм шүү, ялангуяа танай Хөвсгөл нуур, говь нутаг руу бол
их сайхан газрууд байсан.
Чимгээ :   Энд бас чиний шинэ найзууд байгаа болохоор ирнэ гэдэгт
найдаж байна. Тэгвэл ирэх жил дахин уулзацгаая.
Ин Пё :   Чи бас зөв хэллээ. Би ирэхийг заавал хичээнэ.
Үнэхээр дахин ирэх боломж гарвал ганцаараа биш найз нартайгаа
хамт ирнэ ээ.

● Шинэ үг

боломж гарах 기회가 되다	ирэх жил 내년
дахин ирэх 다시 오다	дахин уулзах 다시 만나다
бодолтой 생각이 있다	зөв хэлэх 맞는 말
ялангуяа 특히	заавал хичээх 반드시 노력하다
их сайхан газар 멋진 지역,	ганцаараа 혼자
шинэ найзууд 새로운 친구들	найз нартайгаа 친구들과
найдах 기대하다	хамт ирэх 같이 오다

인표 : 몽골 여행이 정말 마음에 들었어. 기회가 되면 다시 오고 싶어.

침게 : 다행이야. 우리 나라가 무척 마음에 들었구나!

인표 : 그럼, 특히 홉스골 호수와 고비 사막은 정말 아름다운 곳이었어.

침게 : 여기에 네 새 친구들이 생겼으니까 다시 오리라 기대해.

그럼 내년에 다시 만나자.

인표 : 네 말이 맞아. 내가 꼭 오도록 노력할게.

다시 오게 되면 친구들과 같이 올게.

⊙• Тайлбар

✐ үнэхээр таалагдлаа : 무척 마음에 들다

✐ ирэх жил дахин уулзацгаая : 내년에 다시 보자

✐ 동사어간 + -цгаа4

해당 동작이나 행위를 여러 사람이 동시에 행한다는 의미를 나타낸다. 한국어의 "〜들 하다"에 대응된다.

бүгдээрээ явцгаая 모두 갑시다

хоолоо идэцгээе 식사들 합시다

◉• Дүрэм

격어미와 후치사

일반으로 속격지배 후치사가 가장 많고 그 외에 여 · 처격, 탈격, 공동격지배 후치사들이 있다.

1. 속격지배 후치사

많은 후치사들이 속격에 연결되어 사용되는데 이러한 속격은 후치사와 함께 동사의 지배를 받으며 목적어 구실을 한다.

(a) Гадаад явахын тулд гадаад хэл сайн сурах хэрэгтэй.
외국에 나가기 위해서 외국어를 배워야 한다.

(b) Дөрвөн хүний дунд нэг ном өглөө.
네 명 가운데에 책 한 권을 주었다

2. 탈격지배 후치사

다음의 후치사들은 탈격지배 후치사들이다.

(a) Танаас бусад бүх хүн ирчихээд байна.
당신 이외에 다른 사람들은 다 와 있어요.

(b) Бидэнд үүнээс өөр арга байхгүй.
우리에게 방법은 이것 밖에 없어요.

3. 여 · 처격지배 후치사

여 · 처격지배 후치사는 'ойр' (가깝다) 뿐이다.

(a) Танай байшин их дэлгүүрт ойр байдаг уу?
당신의 집은 백화점하고 가깝습니까?

(b) Улаанбаатарт хамгийн ойр сут ямар сум бэ?
울란바타르시에 제일 가까운 솜은 무엇입니까?

4. 공동격지배 후치사

공동격지배 후치사로는 'адил(같은), зэрэг(하자마자)' 이 있다.

(a) Тэр ахтайгаа адил тамирчин болохыг хүсдэг.
그는 형처럼 운동선수가 되기를 원한다.

(b) Биднийг очихтой зэрэг галт тэрэг хөдөллөө.
우리가 도착하자마자 기차는 움직이기 시작했다.

Соёл, зан заншил

완곡어법: 화장실

어느 사회에서나 금기시 하는 주제는 아주 광범위할 수 있다. 가장 가까운 예들로 성별, 죽음, 배설, 신체, 종교적 문제, 정치 등의 대상이 포함될 수 있다. 하지만 위의 예들 중에는 특히 배설의 경우는 어떤 상황에서만, 어떤 사람들에 의해서만, 또는 의도적으로 돌려 말하는 것, 즉 완곡어법만으로 언급할 수가 있다

몽골어의 '몸을 고치다'는 몸에서 더러움을 버리기 위한 말로서 모습보다는 줄기의 크기를 나타내는 표현이다. 몽골은 뒷간을 잘 쓰지 않는 민족이다. 유목민은 광활한 초원에서 똥ㆍ오줌을 누는데 이는 사방이 끝없이 펼쳐진 초원의 특수한 지형과 관련이 깊다. 이러한 지형적 배경 위에 생겨난 말들이 '말 보기'ㆍ'몸을 고치다'ㆍ'외출하다'ㆍ'발자국 보다'ㆍ'화장실 가다'라는 완곡어이다.

51 체크 아웃 하겠습니다
52 한국에 도착하면 연락할게!

체크 아웃 하겠습니다
Өрөөнийхөө тооцоог хийх гэсэн юм.

호텔에서 체크 아웃하는 인표

51
-р хичээл

Ин Пё : Өрөөнийхөө тооцоог хийх гэсэн юм.

Ресепшин : Би таны тооцоог даруйхан бэлдэж өгье.
Та хөргөгчнөөс уух зүйл авсан уу?

Ин Пё : Уух зүйл үү? Аан тийм цэвэр ус авч уусан юм байна

Ресепшин : Та түр хүлээнэ үү. Би тооцоонд оруулаад бодьё

Ин Пё : Энд кредит картаар тооцоо хийдэг үү?

Ресепшин : Тэгэлгүй яахав, таны тооцоо бэлэн болчихлоо.

Ин Пё : Та тэгвэл энэ картаар миний тооцоог хийгээд өгнө үү.

Ресепшин : За тэгье. Та энэ билл дээр гарын үсгээ зурна уу.
Манай буудлаар үйлчлүүлсэн танд их баярлалаа.
Та сайн яваарай.

Шинэ үг

өрөөний тооцоо хийх 체크 아웃하다	уух зүйл 음료
тооцоонд оруулах 합산하다	цэвэр ус 생수
даруйхан 곧, 바로	кредит карт 신용 카드
тооцоо бэлдэж өгөх 계산을 도와 주다	билл 영수증
бэлэн болох 준비되다	гарын үсэг зурах 서명하다
хөргөгч 냉장고	сайн яваарай 안녕히 가세요

인　　표 : 체크아웃 하고 싶습니다.

호텔직원 : 네, 계산을 바로 도와 드리겠습니다.

　　　　　미니바에서 사용하신 것 있습니까?

인　　표 : 마신 거요? 예! 생수를 꺼내 마셨습니다.

호텔직원 : 잠깐 기다려 주세요. 제가 합산해서 계산해 드릴게요.

인　　표 : 이 호텔은 신용 카드로 결제됩니까?

호텔직원 : 그럼요, 계산 준비되었습니다.

인　　표 : 이 카드로 결제해 주세요.

호텔직원 : 네, 알겠습니다. 이 영수증에 서명해 주세요.

　　　　　우리 호텔을 이용해 주셔서 감사합니다. 안녕히 가세요.

Тайлбар

Өрөөнийхөө тооцоог хийх гэсэн юм. : 체크아웃 하고 싶습니다.

кредит картаар тооцоо хийдэг үү? : 신용 카드로 결제됩니까?

몽골어 'угтах(픽업하다)'의 유의어

хүлээж авах, тосч авах, угтаж авах 마중하다

◉ Дүрэм

✐ 형동사어미(한정연결어미)와 후치사

몽골어에서는 완료상을 나타내는 종결어미 '-сан⁴' 과 미완료상을 나타내는 종결어미 '-х' 가 형동사어미로 쓰여 후치사와 연결되는 특징을 갖는다.

(a) Чамайг ирэх хүртэл би эндээ байя.
   네가 올 때까지 나 여기서 있을게

(b) Бүх юм чиний хэлсэн ёсоор боллоо.
   모든 것이 네가 말한 대로 되었다.

(c) Муу хүний үг хорт могой хатгах мэт.
   나쁜 사람의 한 말은 뱀이 무는 것과 같다.

(d) Би хөдөө явсан тухайгаа тэмдэглэл бичсэн.
   나는 시골에 갔던 것에 대해서 일기를 섰다.

(e) Та хөдөө явсан талаараа яриач.
   시골 다녀온 것에 대해서 이야기해 주세요.

그 밖의 형동사어미와 연결되어 사용되는 후치사에는 'тул, тутам, ялдамд, бүр/болгон, шиг' 등이 있다.

2. 『болно/болохгүй』 허가 및 불허가(금지) 동사

허가 및 불허가(금지)를 나타내는 『болно/болохгүй』라는 동사 앞에는 결합(병렬) 부사형 -ж(-ч)가 놓인다.

(1) Та орж болно. 당신은 들어가도 된다

(2) Энд сууж болохгүй. 여기에 앉아서는 안된다

(3) Асуулт асууж болно. 질문해도 된다

(4) Чи эндээс явж болохгүй. 너는 여기서 가서는 안된다

이의 의문형은 -ж(-ч) болох уу? 이다.

(1) Орж болох уу? 들어가도 좋습니까?
   Орж болно 좋습니다.

(2) Энэ номыг авч болох уу? 이 책을 빌릴 수 있습니까?
   Авч болохгүй. 안됩니다.

Соёл, зан заншил

유목민 유래 음식

'수라상'과 '설렁탕'은 일반적으로 몽골 유목민족의 음식명으로 추정되고 있는 것으로서 고려와 몽골과의 관계가 긴밀해지면서 영향을 받아 우리 나라에 차용된 것으로 보는 어휘들이다. 이외에도 청국장, 설렁탕, 육포, 칼국수, 순대 또한 동북아시아와 고려, 조선 시대의 음식문화를 연구하는데 있어 매우 중요한 의미를 지닌 어휘라는 점에서 지금까지 관련 학자들의 지대한 주목을 받고 있다.

한국에 도착하면 연락할게!
Солонгост очоод сайн явж очсон оо дуулгана аа!

공항에서 친구들과 작별 인사를 하는 인표

Ин Пё : Онгоц удахгүй хөөрөх юм байна.
　　　　Намайг үдэж өгөхөөр ирсэн та хоёрт үнэхээр баярлалаа.
Чимгээ : Хаанаас даа, найзуудын хооронд ийм зүйл байх шүү дээ.
Катя : 　Орох цаг чинь болчихож... Сайн явж очоорой.
　　　　Бидэнтэй бас үргэлж холбоотой байгаарай.
Ин Пё : Харамсалтай болович би одоо ингээд орьё доо. Баяртай найз нараа!.
Чимгээ : Баяртай, нутагтаа сайн явж очоорой. Очоод наашаа яриарай.
Ин Пё : Тэгэлгүй яахав. Солонгост очоод та хоёрт сайн явж очсоноо
　　　　дуулгана аа.

Шинэ үг

онгоц хөөрөх 이륙하다
үдэх 배웅하다
орох цаг 들어갈 시간
болчихжээ 되다
сайн явж очих 잘 가다
үргэлж 자주, 항상

холбоотой байх 연락하고 지내다
харамсалтай байх 아쉽다
баяртай 안녕
очих 도착하다
утсаар ярих 전화하다

인표 : 비행기에 탑승할 시간이야. 배웅하러 여기까지 와줘서 정말 고마워

침게 : 천만에, 친구들 사이에는 이 정도는 할 수 있는 거지.

카탸 : 들어갈 시간이 되었네. 잘 가.

　　　　우리랑 자주 연락하자.

인표 : 아쉽지만 지금 들어가야 되겠어. 안녕, 내 친구들!

침게 : 안녕, 한국에 도착해서 전화해.

카탸 : 그럼, 한국에 도착하면 전화할게.

Тайлбар

харамсалтай боловч: 아쉽지만

동사어간 + -вч

이전의 동작이나 행위에 대해 순차적으로 발생되는 동작이나 행위가 상반되게 이루어질 때 사용된다. 주로 문어체에서 사용되며 한국어의 "~지만, ~이었지만"과 대응된다.

　　түүнд дуртай боловч хэлж чадахгүй 그녀를 좋아하지만 말할 수 없다

　　тэнд очсон боловч түүнтэй уулзаж чадсангүй 그곳에 갔지만 그와 만날 수 없었다.

Дүрэм

파생명사

일반적으로 몽골어 명사는 명사, 형용사, 수사, 동사에서 파생된다.

1. 〈명사에서 파생된 명사〉

1) -ч, -чин (사람 및 직업 표시)
зураач(화가), хоньчин(양치기)

2) -вч, ~в (덮개, 주머니 표시)
халив(솥뚜껑), хуруувч(골무),
хүзүүвч(목도리), уулавч(먹물통 주머니)

3) -лан⁴
шүдлэн (3 살배기 양, 염소, 소 또는 말)

4) -мад⁴
дүүмэд (동생 같음), ахмад (형 같음)
эгчмэд

5) -гай, -тай⁴ (신분 표시)
гэргий (부인), эрэгтэй (남성)

6) -лаг⁴ (수량 표시)
булчинлаг (근육질), шөрмөслөг (근육질)

7) -тан⁴ (성분 표시)
сэхээтэн (지식인), оюутан (학생),
хүчтэн (강자)

8) -сэг⁴ (성질 표시)
хүүхэмсэг (바람둥이)

9) -нцаг⁴
бөөрөнцөг (구), зээрэнцэг (원반)

10) -цаг⁴
эрэгцэг (고집쟁이), довцог (작은 언덕)

12) -з
харз (첫 증류주), арз (두번 내린 증류주),
хорз (세번 내린 증류주),
шарз (네 번 내린 증류주)

13) -нцар⁴
тэргэнцэр (하찮음), зээнцэр (증손),
савханцар (세균)

14) -згана⁴
тэмээлзгэнэ (잠자리),
бөөрөлзгөнө (식물의 일종)

2. 〈형용사에서 파생된 명사〉

1) -лзгана (동식물 이름) : гүзээлзгэнэ(산딸기)

3. 〈수사에서 파생된 명사〉

1) -уул
тавуул(다섯), зуугуул(100)

2) -дай
зургаадай(6세), долоодой(7세)

3. 〈동사에서 파생된 명사〉

동사에서 파생되는 명사는 다양한 접미사에서 형성된다.

1) -л
үзэл(사상), бодол(생각), нэгдэл(통일), энэрэл(긍휼), жаргал(평안)

2) -лага, -лэг, -лга
зарлага(지출), орлого(수익), мэдлэг(지식)

Соёл, зан заншил

1206 년 칭기스칸은 초원의 흩어져 있었던 유목 부족들을 하나로 통일한 후, 일생을 통해 경험하고 깨달은 바를 정리하여 통치이념으로 삼았으며, 자신의 건국이념인 팍스몽골리카를 건설하는 대과업에 '자싹'이라고 하는 법령을 토대로 하여 그의 이념을 구현하고자 하였다.

'자싹'은 중세 시기에도 동일한 음으로 불리워졌으며, 그 어형은 '고치다'의 뜻을 갖는 'jasakh' 어근(root) "jas"에 명사형성 접미사 "g"가 붙어 만들어진 낱말이다. 이 어형의 고대의 의미는 오늘날과 같은 '법', '관습법'의 의미로 사용됐을 것으로 몽골 학자들은 보고 있다.

13 세기 세계 대제국의 기초를 형성하는데 있어 가장 큰 기여를 한 '자싹'은 몽골 제국을 포함해서 초원의 북원이 시작되는 1368 년 때까지 원 제국에 복속되었던 모든 민족들에게 전해져 유목 문화의 원형질을 고스란히 보존하고 있는 중요한 자료로 평가받고 있다.

원제국 시기에는 《元典章》,《通制條格》,《經世大典》,《至正條格》,《大자싹》등의 법전을 편찬하여 시행하였다. 이 중 《大자싹》법령은 원제국 법제의 근간이 되었으며, 이외의 법전에는 당시 몽골의 역참제도, 가축 세금, 예속민의 상황, 화폐, 수렵, 군사조직, 몽골 학교에 관한 조항 등 중세 유목민과 관련된 역사적으로 가치가 높은 기사가 상당히 반영되어 있다.

문법목차

1강. 모음조화 법칙
2강. 인칭대명사
3강. 명시의 복수어미
4강. 인칭대명사 : 복수형
5강. 명사의 복수형(-чууд/-чүүд, -чуул/-чүүл)
6강. 명사의 복수어미
　　「нар」, 「-ууд/-үүд, -нууд/-нүүд」, 「-цгаа」
7강. 격어미와 재귀어미 표현법
　　주격
8강. 속격
9강. 여처격
10강. 대격
11강. 탈격
12강. 조격(도구격)
13강. 공동격
14강. 방향격
15강. 수사 표현법
16강. 의문대명사 「яах」, 「хаана」의 사용법
17강. 형용사의 의미 비교
18강. 동사 시제어미 사용법
　　현재시제어미 「-ж байна」과 미래시제어미
　　「-на」
19강. 동사 시제어미의 사용법
　　과거 시제어미 「-сан⁴」, 「-лаа⁴」, 「-в」
20강. 「… гэж ярих, … гэж хэлэх」과
　　인용동사 「гэх」의 표현법
21강. 유의동사의 사용법
　　「харах」·「үзэх」
22강. 유의동사의 사용법
　　「явах」·「очих」·「хүрэх」
23강. 부동사 연결어미의 사용법
　　대등연결어미 「-ч/-ж, -н」
24강. 부동사 연결어미의 사용법
　　양보연결어미 「-вч」
25강. 부동사 연결어미의 사용법
　　즉시연결언미 「-магц」와 순차연결어미
　　「-нгуут」
26강. 부동사 연결어미의 사용법
　　목적연결어미 「-хаар, -хлаар」
27강. 합성동사의 사용법
　　бай-/бол-로 연결된 합성동사
28강. 합성동사의 사용법

　　-ж/-ч/-н로 연결된 합성동사
29강. 동사태 사용법
　　사동태어미(Үйлдүүлэх хэв)
　　-уул²/-га⁴/-аа⁴
30강. 동사태 사용법(사동태어미의 중첩형)
31강. 후치사의 사용법
　　「учраас, учир」
32강. 후치사의 사용법
　　「төлөө」·「тулд, тул」
33강. 후치사의 사용법
　　「наана」·「цаана」
34강. 보조첨사 사용법
　　аа, л, л даа, даа², ч, ч гэсэн, биз, шүү,
　　шүү дээ
35강. 보조첨사 사용법
　　「ч」·「ч гэсэн」
36강. 연결사 사용법
　　「ба」·「болон」
37강. 연결사 사용법
　　「харин」·「гэвч」·「гэтэл」
38강. 부정첨사와 금지첨사의 사용법
39강. 후치사의 사용법
　　「мэт, шиг」와 '–처럼, –만큼'
40강. 명령·원망법어미
　　2인칭 종결어미
41강. 명령·원망법어미
　　「-гтун²」
42강. 명령·원망법어미
　　3인칭 종결어미
43강. 현대 몽골어의 합성법
44강. 몽골어의 감탄 표현
45강. 현대몽골어 부정법
　　명사류 부정
46강. 현대몽골어 부정법
　　동사류 부정
47강. 몽골어 부사
48강. 몽골어 부사
　　전성부사
49강. 부사의 수식 기능
50강. 격어미와 후치사
51강. 형동사어미(한정연결어미)와 후치사
52강. 파생명사